梦山书系

国学通道·修身

林志强 主编

海峡出版发行集团
福建教育出版社

图书在版编目（CIP）数据

国学通道. 修身 / 林志强主编. —福州：福建教育出版社，2019.7
ISBN 978-7-5334-8409-5

Ⅰ. ①国… Ⅱ. ①林… Ⅲ. ①中华文化—中小学—教材 Ⅳ. ①G634.301

中国版本图书馆 CIP 数据核字（2019）第 053886 号

Guoxue Tongdao · Xiushen

国学通道·修身

林志强　主编

出版发行	福建教育出版社
	（福州市梦山路 27 号　邮编：350025　网址：www.fep.com.cn
	编辑部电话：0591—83727542
	发行部电话：0591—83721876　87115073　010—62027445）
出 版 人	江金辉
印　　刷	福州万达印刷有限公司
	（福州市仓山区橘园洲工业园仓山园 19 号楼　邮编：350002）
开　　本	710 毫米×1000 毫米　1/16
印　　张	10.75
字　　数	159 千字
插　　页	2
版　　次	2019 年 7 月第 1 版　2019 年 7 月第 1 次印刷
书　　号	ISBN 978-7-5334-8409-5
定　　价	28.00 元

如发现本书印装质量问题，请向本社出版科（电话：0591—83726019）调换。

《国学通道》总编撰说明

随着改革开放的深入发展，我们国家迅速崛起，不仅经济体量冲至世界第二，更重要的是科学技术呈现井喷式的发展，并借助大数据让社会生活及管理模式产生了革命性的变化。而令人惊讶的是这一切成就的取得竟是在一穷二白的战争废墟中开始的！这在世界发展史上虽还不能说是绝无仅有的，但至少也是极为罕见的。这就不得不让人思考除了中国共产党领导这一根本因素外，究竟还有什么让这个古老且经历了难以想象的磨难的民族焕发出如此蓬勃的生命力？

毋庸置疑，这是一个一时间难以做出令各界全都满意的答案的大课题。但有一点，历经五千年还熠熠生辉的中华优秀传统文化无疑在铸造着这个民族之魂，正是因为它，我们的民族才具备了让世界惊叹的坚韧不拔的品质、勇敢抗争的精神以及勤劳智慧的秉性，即使在一穷二白的困境与外围重重的封锁中依然坚定地相信：只要自力更生，我们建设社会主义现代化强国的目标一定能够达到！

不论是夸父逐日，还是精卫填海，抑或是愚公移山，以和为贵的中华民族一直有着"太平世界，环球同此凉热"的梦想。这个梦想传承至今，以习近平总书记为首的党中央用"构建人类命运共同体"的精辟概括规划出了新的里程碑，那就是圆中华民族伟大复兴之梦。她不仅是经济的复兴，也不仅仅是科技的复兴，她还是汉唐盛世的政治与文化的复兴！正是依托这样一种复兴，我们遵循2017年中共中央办公厅、国务院办公厅颁发的《关于实施中华优秀传统文化传承发展工程的意见》的精神，在坚定道路自信、理论自信、制度自信的基础上，夯实民族的文化自信。于是我们在卷帙浩繁的经典著作、浩如烟海的文化习俗中寻寻觅觅，精挑细选，力求将所有能够代表中华优秀传统文化的内容集中汇编成这套供小学、初中、高中、大学等不同文化层次以及不同年龄不同社会背景的国学爱好者学习的国学基本素养教材——《国学通道》。

鉴于目前社会上出现的大量所谓的国学教材，要么不曾研究筛选使精华与糟粕并存，要么随随便便找一本有一定年限的书（如《千字文》《声律启蒙》）充当，要么眼界狭隘未经编排不成体系，我们经过与不同学段的教师们共同探讨，重新定义并精心设计了这套连接地气、范畴宽广且成系统的普及型国学基本素养教材。

我们将"国学"定义为我国独有（或者特别成熟）的一切凝聚民族智慧的历史悠久的优秀传统文化。它既包含了政治思想、道德修养、哲学思维、伦理等狭义的范畴，又包含了历史经验、语言文学、社会民俗、科学技术、艺术以及特色体育等中华文化万象。

编辑这套教材，我们秉承习总书记"把经典嵌在学生脑子里，成为中华民族文化的基因"的教导，以普及国学常识为总原则，以《关于实施中华优秀传统文化传承发展工程的意见》为指导思想，突出以下几方面特点。

国学核心思想理念　　如革故鼎新与时俱进的精神，脚踏实地实事求是的作风，惠民利民安民富民的观念，道法自然、天人合一的哲学思维以及讲仁爱、重民本、守诚信、崇正义、尚和合、求大同等。

中华优秀传统美德　　如天下兴亡匹夫有责的担当意识，精忠报国振兴中华的爱国情怀，崇德向善见贤思齐的社会风尚，孝悌忠信礼义廉耻的荣辱观念以及自强不息、敬业乐群、扶危济困、见义勇为、敬老爱亲的传统美德等。

中华人文精神　　如求同存异和而不同的处世方法，文以载道以文化人的教化思想，形神兼备情景交融的美学追求，合约自守、中和泰和的生活理念等。

为了解决实际操作中的困难，我们将教材分为三大模块：一是每课必有的正文以及相应的注释、译文、思考练习；二是授课之后建议开展的国学活动；三是与国学活动建议轮流附于正文之后的国学常识链接。同时将儒家的"修身、齐家、治国、平天下"为教材编辑之经，以诸子百家以及后代优秀传统为教材编辑之纬，以广义国学内容为教材编辑之眼，力求编织一个其他国学教材从不曾有的大大的国学网络体系。

教材的每一课都有一个中心内容，对应现实社会中的某一个侧面。既有正规的课文供学生学习，又有一定的国学活动供老师参考，还有必备的国学常识的链接，严肃的同时，讲求活泼，体现的也还是寓教于乐的精神。

普及是我们的总原则，所以我们的教材只是基于对国学知识的介绍，不对国学具体内容做深入的探讨。毕竟，只有在了解的基础上，才有可能依据个人的兴趣与特长就国学某个方面做深入细致的研究。因此，让更多的人初步了解国学的广度是这套国学教材的主要任务，深入细致的研究只能寄希望于将来的每一位读者。

为了把控这套教材的质量，使编写内容更为精确、编写体系更为规范，我们按不同的学习对象，组织了由张秀菁、江文锦、郑云如、谢显辉等优秀教师任组长的以修身、齐家、治国、平天下为主题的国学研究课题组。每一课的编写都要求在个体研究的基础上，经过充分的交流与探讨，达成共识后再落实成型。相信在老师们的共同努力下，这套国学基本素养教材一定会顺利编成，并最终成为深受广大读者喜爱的独具特色的国学必读书，走入校园，走向世界。

福州一中　林志强

2017 年 6 月 20 日星期二

目 录

《修身》小序 1

一、孝 1
二、悌 6
三、忠 10
四、信 15
五、礼 19
六、义 25
七、廉 29
八、耻 34
九、仁 39
十、俭 44
十一、让 50
十二、智 55
十三、慎独 60
十四、形容（象） 65
十五、兼爱 69
十六、惜时 75
十七、立志 79

十八、为学 ………………………………………………… 85

十九、自省 ………………………………………………… 91

二十、眼界 ………………………………………………… 94

二十一、担当 ……………………………………………… 99

二十二、格局（胸怀）……………………………………… 104

二十三、言行 ……………………………………………… 110

二十四、交游 ……………………………………………… 114

二十五、尊生 ……………………………………………… 119

二十六、持之以恒 ………………………………………… 126

二十七、大小难易 ………………………………………… 132

二十八、是非善恶 ………………………………………… 137

二十九、得与失 …………………………………………… 142

三十、毁与誉 ……………………………………………… 148

三十一、刚与柔 …………………………………………… 152

三十二、求同存异 ………………………………………… 156

编后记 ……………………………………………………… 161

《修身》小序

不论是儒家还是道家,中国古代优秀知识分子都愿意追求的境界是内圣外王。他们的理想人格和致圣之路大体可以概括为:格物、致知、诚意、正心、修身、齐家、治国、平天下。"修身"于其中具有承上启下的意义。"格物、致知、诚意、正心"就是一个人的成长、学习、完善自身的阶段,讲的是"修身"的方法;"齐家、治国、平天下"就是一个人踏上社会、回报社会、学以致用的阶段,强调的是"修身"的目的。"物格而后知至,知至而后意诚。意诚而后心正,心正而后身修。身修而后家齐,家齐而后国治,国治而后天下平。"这八个步骤不仅告诉我们修身是综合性的完善自我人格的过程,还说明修身未完成,综合素质必然不高,进入社会根本就无法担当,更不用说完成"齐家、治国、平天下"的历史重任。"物有本末,事有终始。知所先后,则近道矣",理解了这一点也就明白了编撰《国学通道》这套普及型国学基本素养教材所遵循的次序有多么重要。毕竟,修身,是传承我国先进传统文化不可或缺的一环。因此,我们国学素养的奠基,就从修身开始。

其实,一个人,不论是身居高位的达官贵人,还是平民百姓,都要注意修养自己的品性。毕竟品性是个人立身处世的根本。尤其竞争激烈的现代社会,没有高尚的情操,就不可能呈现出于复杂环境中游刃有余的美好情商。而缺少了这样的情商,我们又怎能广交朋友?又怎能与各种不同文化背景的人和谐相处?又怎能说服他人与我们合作达成共赢?就这一点而言,修身不是一时的事,而是一辈子的事,因此在编写之初就考虑到《国学通道·修身》应该供不同年龄、不同学历、不同文化层次的喜欢国学的人修身时学习参考之用,内容有深有浅,学习者可以依据自身的年龄、学识、时间等状况各取所需。但不管什么样的人,要想学习古代圣贤,努力向"内圣外王"的境界靠拢,都应当从"德"之本——"孝"开始,启动我们的修身之路。鉴于此,本书的前八讲依次是孝、悌、忠、信、礼、义、廉、耻，而后进入仁、俭、让、智，目的是希望学习者既能从内心崇尚"仁、义、礼、智、信"，也能在外表上讲求"温、良、恭、俭、让"。除此之外，当然还得讲"慎独、形容、兼爱、惜时、尊生"，早早"立志"，努力"为学"，学会"自省"，懂得"担当"，拓宽"眼界"，扩展"格局"，能够辨析"得与失、毁与誉、刚与柔"等等。

当然，这些优秀的道德品质绝非读读这本书就可以养成，《国学通道·修身》只不过尽编者所能为那些愿意接受祖国五千年文化滋养的学习者提供修身的进程。道德的养成主要还得靠"力行"，毕竟"好学"不过"近乎知"，只有"力行"才能"近乎仁"。只是实践还得有理论的指导，只有你掌握了修身的道理，才可能做最好的修身实践。因此，建议你的修身，就从阅读《国学通道·修身》开始吧。

林志强

2018年5月21日

一、孝

学习提示

子曰："身体发肤，受之父母，不敢毁伤。"每个生命从呱呱坠地开始，无时无刻不牵动着父母的心。父母不仅赋予我们生命，抚养我们长大成人，还教给我们做人的道理。是父母的爱、是他们的言传身教，教我们学会了坚强、记住了宽容、懂得了自制。"孝"从本义上说，就是要"尽心奉养和服从父母"，但又不是动物间简单的反哺行为。传统文化中关于"孝"的内容是深刻广泛的，需要我们用心学习、感悟。它涉及诸子百家的典籍，是一门心性之学，同学们可以通过学习课文选段，理解感受"孝"的真谛，也可以熟读成诵，积累有关"孝"的知识，来导正为人处事的行为。

正文

（1）仲尼居①，曾子侍。子曰："先王有至德要道，以顺天下，民用②和睦，上下无怨。汝知之乎？"曾子避席③曰："参不敏，何足以知之？"子曰："夫孝，德之本也，教之所由生也。复坐，吾语汝。身体发肤，受之父母，不敢毁伤④，孝之始也。立身行道，扬名于后世，以显父母，孝之终也。夫孝，始于事亲，中于事君，终于立身。《大雅》云：'无念尔祖，聿修厥德⑤。'"

（《孝经·开宗明义》）

【注释】①居：坐。 ②用：因此。 ③避席：离开座位表示尊重。 ④不敢毁伤：毁，诽谤；伤，损伤；不敢使它受到诽谤和损伤。 ⑤聿：语气助词。修：学习，发扬。厥：其，他们的。

【译文】

孔子在家里闲坐，他的学生曾子坐在旁边陪侍。孔子说："先代的帝王有至高无上的品行和最重要的道德，来顺应天下，使人心归顺，人民因此和睦相处，无论是尊贵还是卑贱，上上下下都没有怨恨不满。你知道为什么吗？"

曾子离开座位，站起来回答说："曾参我不够聪敏，怎么会知道呢？"孔子说："那就是因为孝，它是一切德行的根本，一切教化都从这里产生。你回到原来的位置坐下，我告诉你。人的身体四肢、毛发皮肤，都是父母给与的，不敢使它受到诽谤和损伤，这是孝的开始。人在世上立身，推行道义有所建树，声名显扬于后世，从而让父母显赫闻达，这是孝的终极目标。孝，是从侍奉父母开始的，然后效力于国君，最后立身于社会，功成名就。《诗经·大雅·文王》记载：'怎么能不思念你们的先祖，不学习发扬他们的美德呢？'"

（2）弟子规，圣人训。首孝悌①，次谨信②。泛爱众，而亲仁。有余力，则学文。

父母呼，应勿缓。父母命，行勿懒。父母教，须敬听。父母责，须顺承。

亲有过，谏③使更④。怡⑤吾色，柔⑥吾声。谏不入，悦复谏。号泣随，挞无怨。

丧尽⑦礼，祭尽诚。事⑧死者，如事生。

（《弟子规》）

【注释】①悌：敬爱兄长为悌。 ②信：言语真实，诚实。 ③谏：用言语规劝尊长。④更：更改。 ⑤怡：使……喜悦，快乐。 ⑥柔：使……柔和。 ⑦尽：竭尽，尽力（符合）。 ⑧事：对待。

【译文】

《弟子规》是依据至圣先师孔子的教诲而编成的关于学童生活规范的书。日常生活中，我们首先要孝敬父母，友爱兄弟姐妹。其次，言语行为要小心谨慎，讲求信用。要博爱众人，亲近有仁德的人。以上这些都做到以后，如果还有多余的时间和精力，就应该好好学习《诗》《书》等有关礼乐的书。

父母呼唤，答应要及时，不要拖拉缓慢。父母交待的事情，要立刻去做，不可以拖延或者偷懒推辞。父母教导我们为人处世的道理，应该恭敬聆听。父母责备教训时，应当恭顺地虚心接受。

父母有过错，应委婉规劝使之改正。劝导时脸色当和悦，声音须柔和。如果父母听不进规劝，就应当等到父母情绪好转或者高兴时再继续劝导；如果父母仍然不接受,我们虽然难过也要痛哭流涕地依从。坚持恳求父母改过,纵然遭到责打也不怨悔(以免父母陷于不义,铸成大错)。

办理父母的丧事要哀戚合乎礼节,祭拜时要诚心诚意。侍奉已经去世的父母,如同他们还在世时一样。

(3) 孟武伯问孝,子曰:"父母唯其疾之忧。"

子游问孝,子曰:"今之孝者,是谓能养。至于犬马,皆能有养①;不敬,何以别乎?"

子夏问孝。子曰:"色②难。有事,弟子服其劳;有酒食,先生③馔,曾是以为孝乎?"

(《论语·为政》)

子曰:"事父母,几④谏,见志不从,又敬不违⑤,劳⑥而不怨。"

子曰:"父母在,不远游,游必有方⑦。"

子曰:"父母之年,不可不知也。一则以⑧喜,一则以惧。"

(《论语·里仁》)

叶公语孔子曰:"吾党有直躬者⑨,其父攘羊,而子证⑩之。"孔子曰:"吾党之直者异于是:父为子隐,子为父隐——直在其中矣。"

(《论语·子路》)

【注释】①养:供养,养活。　②色:脸色。　③先生:年长者,这里指父母。　④几:轻微,婉转。　⑤违:抵触,冒犯。　⑥劳:忧愁。　⑦方:规律,道理。　⑧以:因为。　⑨直躬者:直率坦白的人。　⑩证:告发。

【译文】

孟武伯向孔子请教什么是"孝",孔子说:"做父母的只担心孩子的疾病(即别的都做得很好了,不用父母担心)。"

子游向孔子请教什么是"孝",孔子说:"现在人们所认为的孝,就是能养活父母。(其实,)就连狗马等牲畜都能得到饲养;假如对父母不恭敬,那么养活父母与饲养狗马有什么区别呢?"

子夏向孔子请教什么是"孝",孔子说:"儿女在父母面前经常保持和悦的脸色，是件难事。有了事情，儿女替父母效劳；有了酒饭，让父母吃，竟然能认为这就是孝吗？"

孔子说："侍奉父母，（如果他们有什么过失）要婉言劝阻，如果看到自己的心意没有被听从，仍然恭敬地不触犯他们，虽然忧愁，但不怨恨。"

孔子说："父母在世，不出远门，如果一定要出门，必须有充足的理由。"

孔子说："父母的年纪，不可以不知道（并且常常记在心里）。一方面因为他们的长寿而高兴，一方面又因为他们的衰老而忧惧。"

叶公对孔子说："我的家乡有一个直率坦白的人，他父亲偷了羊，他便告发了他父亲。"孔子说："我的家乡直率坦白的人与你所说的不一样，父亲替儿子隐瞒，儿子替父亲隐瞒，——直率就在里面了。"

(4) 孝子之养也，乐其心，不违其志。

(《礼记》)

【译文】

孝子奉养父母，就是要让父母开心，不违背父母的意愿。

(5) 孝子不谀①其亲，忠臣不谄②其君，臣子之盛③也。

(《庄子·天地》)

【注释】①谀：奉承。　②谄：谄媚。　③盛：极点。

【译文】

孝子不奉承他的父母，忠臣不谄媚他的国君，这是忠臣、孝子尽忠尽孝的最高境界。

(6) 百善孝为先，万恶淫为源。常存仁孝心，则天下凡不可为者，皆不忍为，所以孝居百行之先；一起邪恶念，则生平极不欲为者，皆不难为，所以淫是万恶之首。

(王永彬《围炉夜话》)

一、孝

【译文】

所有善行都以孝为最先,一切恶事都源于邪淫。心中常怀着仁孝心,那么天下任何不可以做的事,都不会忍心去做,所以,孝是一切行为中应该最先做到的。一个人心中一旦起了邪恶淫秽的念头,那么,平常很不愿意做的事,现在做起来一点都不困难,因此,淫心是一切恶行的开始。

思考与练习

1. 联系生活实际,谈谈你对"孝"的理解。
2. 孔子提出"敬养之孝",以区别于当时流行的"能养为孝"。"敬养之孝"是什么意思呢?
3. 当你的意见和父母的意见冲突的时候,你觉得自己应该怎么做?

国学活动建议

两则"孝"的故事　背诵《孝经》选段　孟郊《游子吟》　汉字书写一(仓颉造字的传说、中国文字的魅力、汉字书写的特点、文房四宝、软笔摹帖练习)

二、悌

学习提示

关于"悌",《说文解字》这样解释:"善兄弟也。从心弟声。"这就是说"悌"的本义是敬爱兄长,推而广之,泛指敬重长上。

孔子非常重视孝悌,认为孝悌是做人、做学问的根本。所以在《论语》开篇第一章中就要求:"弟子入则孝,出则悌。"从某种意义上说,"悌"就是"孝"的精神的延伸,"父慈子孝,兄友弟恭",表达的就是儒家传统从个人的道德修养到家庭伦理以至于社会伦理的基本的伦理链条。同学们在学习中要好好体会"孝"与"悌"的关系,从而想想自己当如何从孝悌入手,慢慢融入家庭,融入社会。

正文

(1) 有子曰:"其为人也孝弟①,而好犯②上者,鲜矣;不好犯上,而好作乱③者,未之有也。君子务本,本立而道生。孝弟也者,其为仁之本与!"

(《论语·学而》)

【注释】①弟:通"悌",即敬爱兄长。 ②犯:触犯。 ③作乱:造反。

【译文】

有子说:"他的为人,孝顺爹娘,敬爱兄长,却喜欢触犯上级,这种人是很少的;不喜欢触犯上级,却喜欢造反,这种人从来没有过。君子专心致力于(做人行事的)根本,根本确立了,'道'自然就会产生。孝顺爹娘,敬爱兄长,这就是仁的根本吧。"

(2) 兄道①友,弟道恭,兄弟睦,孝在中。……或饮食,或坐走,长者先,幼者后。……称尊长②,勿呼名,对尊长,勿见③能。……长者立,幼勿坐，长者坐，命乃坐。尊长前，声要低，低不闻，却非宜。

（《弟子规》）

【注释】①道：道理，这里指作为兄长的道理。 ②尊长：地位或辈分比自己高的人。 ③见：通"现"，显现。

【译文】

当哥哥（姐姐）的要讲求友爱弟弟（妹妹），做弟弟（妹妹）的要讲求恭敬兄长，兄弟（姐妹）能和睦相处（父母自然高兴），孝道就在其中了。……不论是饮食用餐，还是就座行走，都应该（让）年长的人优先，年幼的人在后。……称呼尊长，不可以直呼其名；在尊长面前，不可以炫耀自己的才能。……长辈站立时，晚辈（应该陪着）不可以（自行）就座；长辈坐定后，叫你坐下才可以坐下；与尊长交谈时，声音要柔和适中，但声音太小让人听不清楚，也是不恰当的。

(3) 首孝悌，次见闻，知某数，识某文。

（《三字经》）

【译文】

一个人首先要学习的是孝敬父母和友爱兄弟的道理，其次才是增广见闻学习更多的知识，明白基本的算术与数字的变化，还要学习研读古代文献及圣贤的文章。

(4) 教民亲爱，莫善于孝。教民礼顺，莫善于悌。

君子之事亲孝，故忠可移于君。事兄悌，故顺可移于长。居家理，故治可移于官。是以行成于内，而名立于后世矣。

故虽天子，必有尊也，言有父也；必有先也，言有兄也。宗庙致敬，不忘亲也；修身慎行，恐辱先也。……孝悌之至，通于神明，光于四海，无所不通。

（《孝经》）

【译文】

教育人民互相亲近友爱,没有比倡导孝道更好的了。教育人民礼貌和顺,没有比服从自己兄长更好的了。

君子侍奉父母亲能尽孝,所以能把对父母的孝心移作对国君的忠心。奉事兄长能尽敬,所以能把这种尽敬之心移作对长辈或上司的敬顺。在家里能处理好家务,所以会把理家的道理移作做官治理国家。因此说,能够在家里尽孝悌之道、治理好家庭的人,其名声也就会显扬于后世了。

所以虽然尊贵如天子,也必然有他所尊敬的人,这就是指他有父亲;必然有先他出生的人,这就是指他有兄长。到宗庙里祭祀致以恭敬之意,是没有忘记自己的亲人;修身养心,谨慎行事,是恐怕因自己的过失而使先人蒙受羞辱。……对父母兄长孝敬顺从达到了极致,就可以通达于神明,光照天下,没有什么地方不可以感应相通的。

(5) 谨庠序之教①,申②之以孝悌之义,颁③白者不负戴于道路矣。

(《孟子·梁惠王上》)

【注释】①教:教化。 ②申:反复陈述。 ③颁:通"斑"。颁白即(头发)花白的意思。

【译文】

认真地兴办学校教育,反复向百姓讲明孝敬老人、顺从兄长的道理,头发花白的老人就不会背物负重走在路上了。

(6) 天下无不是的父母,世上最难得者兄弟。……父子亲而家不退,兄弟和而家不分。……父子竭力山成玉,弟兄同心土变金。

(《增广贤文》)

【译文】

天下没有不好的父母,世上最难得的是骨肉兄弟。……父子和睦家道不会衰退,兄弟团结就不会闹分家。……父子同心协力山能变成玉,兄弟团结一心泥土也能变黄金。

思考与练习

1. 为什么说"孝悌"是行"仁"的根本？
2. 背诵并默写选文（2）。
3. 《孝经》说："事兄悌，故顺可移于长。"你有决心这样做吗？

国学常识链接

"悌"的故事三则　《弟子规》选段　《百家姓》选段　《千家诗》选篇

三、忠

学习提示

"忠"在古代是与"中"字相通的,许慎的《说文解字》是这么解释"忠"的:"敬也,从心中声。"因此,"忠"字既有"忠诚无私"之义,也有"尽心竭力"之义。不论时代如何变迁,"忠"一直都是我国社会推崇的优秀传统美德。我们的祖先从不同角度用不同方式对"忠"做出了许多精妙的阐释,本课所选的只是其中的凤毛麟角。通过本课的学习,你对"忠"的内涵一定会有全新的理解。

正文

(1) 儒有不宝①金玉,而忠信以为宝。

（《礼记·儒行》）

【注释】①宝:用如动词,以……为宝。

【译文】

儒者不把金银玉帛当作宝贝,而把忠义诚信当作宝贝。

(2) 子曰:"参乎!吾道一以贯之。"曾子曰:"唯。"子出,门人问曰:"何谓也?"曾子曰:"夫子之道,忠恕而已矣。"

（《论语·里仁》）

曾子曰:"吾日三省①吾身:为人谋而不忠乎?与朋友交而不信乎?传不习乎?"

子曰:"君子不重,则不威;学则不固。主忠信。无友不如己者。过,则勿惮改。"

（《论语·学而》）

定公问:"君使臣,臣事君,如之何②?"孔子对曰:"君使臣以礼,臣事君以忠。"

(《论语·八佾》)

子张问行③。子曰:"言忠信,行笃敬,虽蛮貊之邦,行矣。言不忠信,行不笃敬,虽州里,行乎哉?立则见其参④于前也,在舆⑤则见其倚于衡⑥也,夫然后行。"子张书诸绅⑦。

(《论语·卫灵公》)

【注释】①省:检查、反省。 ②如之何:怎么样。 ③行:行得通。 ④参:并立。 ⑤舆:马驾的车。 ⑥衡:车前横木。 ⑦绅:下垂的大带子。

【译文】

孔子说:"曾参啊!我的学说贯穿着一个基本观念。"曾子说:"是。"孔子出去以后,别的学生就问曾子道:"这是什么意思?"曾子说:"老师的学说,概括起来就是'忠恕'两个字罢了。"

曾子说:"我每天必定用三件事来反省自己:替人谋事有没有不尽心尽力的地方?与朋友交往是不是有不诚信之处?师长的传授有没有复习?"

孔子说:"君子(如果)不庄重就没有威严;(即使)学习了也不能巩固。要以忠和信(两种道德)为主。没有朋友是不如自己的(或:不要跟不如自己的人交朋友)。有了过错,就不要怕改正。"

定公问:"君主使用臣子,臣子侍奉君主,各应该怎么样?"孔子回答说:"君主要按照礼来使用臣子,臣子应该忠心侍奉君主。"

子张问如何才能使自己到处行得通。孔子说:"言语忠诚老实,行为忠厚严肃,即使到了别的部族国家,也是行得通的。说话欺诈无信,行为刻薄轻浮,就是在本乡本土,能行得通吗?站立的时候,就(仿佛)看见'忠信笃敬'几个字在我们面前;乘车的时候,也(仿佛)看见它们就刻在前面的横木上。(时时刻刻记着它)这才能使自己到处行得通。"子张把这些话写在自己腰间的大带子上。

(3) 天之所覆①,地之所载②,人之所履③,莫大乎忠。忠者,中④也,至公无私。天无私,四时行;地无私,万物生;人无私,大亨贞。忠也者,一

11

其心之谓也。为国之本，何莫由忠。忠能固君臣，安社稷，感天地，动神明，而况于人乎？夫忠，兴于身，著于家，成于国，其行一焉。是故一于其身，忠之始也；一于其家，忠之中也；一于其国，忠之终也。身一，则百禄至⑤；家一，则亲合；国一，则万人理。

为臣事君，忠之本也，本立而后化成。冢臣于君，可谓一体，下行⑥而上信⑦，故能成其忠。夫忠者，岂惟奉君忘身，徇⑧国忘家，正色直辞，临难死节⑨而已矣！在乎沉谋潜运，正国安人，任贤以为理，端委⑩而自化。

（《忠经》）

【注释】①覆：覆盖。 ②载：装载。 ③履：德行。 ④中：当中，指将良心摆得中正。 ⑤百禄至：各种福禄自然到来。 ⑥下行：指臣下敬业。 ⑦上信：指君主信任（臣下）。 ⑧徇：营求。 ⑨节：操守。 ⑩端委：古代礼服，比喻仪容。

【译文】

凡是天所覆盖的，地所装载的，人所做出来的德行，没有比忠再大的了。忠，就是要将良心摆得中正，大公无私。天无私，四时得以运行；地无私，万物得以生长；人无私，就将十分正直通达。忠，说的就是要专心致志。治国的根本哪里能不从忠开始。忠，能够巩固君臣关系，使国家安定，让天地神明感动，更何况寻常百姓呢？忠，能使自身发端，能彰显家族的荣耀，能帮助国家兴旺成功，（所达的目标虽然不一样）但贯穿于其中的就是一个"忠"字。因此，能专心致志地于自己身上奉行，这是忠的开始；能专心致志地在家庭里奉行，这是忠的过程；能专心致志地在一个国家奉行，这是忠的最终结果。自身能专心致志地奉行忠，那么百禄自然降临；家庭能专心致志地奉行忠，家族宗亲就特别和睦；国家能专心致志地奉行忠，那么百姓上上下下都能够得到治理。

做大臣的，能本着大公无私的精神，侍奉、辅佐君主，这是忠的根本。根本建立了，才能教化成功。朝廷重臣与君主，可以说是一体的。臣子能爱岗敬业，君主对大臣能信任不疑，这才能成就一个忠。忠，哪里只是侍奉君主而忘了自身、为了奔忙国事而忘了家庭、端正脸色直言进谏、面临国难有赴死的操守而已！更要能深谋远虑，使国家走正道，使人民生活安定，同时

三、忠

能任用贤人把国家治理好，端正自己的仪容，使百姓自然而然地被教化。

（4）臣鞠躬尽瘁①，死而后已②，至于成败利钝，非臣之明所能逆睹③也。

（诸葛亮《后出师表》）

【注释】①瘁：劳累。　②已：停止。　③逆睹：预知、预见。

【译文】

我（一定）勤恳恭敬地献出我全部的力量，直至死后方才停止。至于是成功还是失败，是顺利还是受挫折，不是我的眼力所能预见的。

（5）予尝求古仁人之心，或异二者之为。何哉？不以物喜，不以己悲。居庙堂①之高，则忧其民；处江湖之远，则忧其君。是进亦忧，退亦忧。然则何时而乐耶？其必曰："先②天下之忧而忧，后天下之乐而乐乎。"

（范仲淹《岳阳楼记》）

【注释】①庙堂：指朝廷。　②先：用作动词，以……为先。

【译文】

我曾经推求古代品德高尚的人的思想感情，或许与上面所说的两种情绪不同。为什么呢？他们不因外物和个人的得失而高兴或悲哀。在朝廷上做官就替百姓担忧，在偏远的村野隐居就替国君担忧。这种人在朝也担忧，在野也担忧，那么什么时候才会快乐呢？他一定会说："忧在天下人遇到忧患之先，乐在天下人得到安乐之后！"

（6）子张问曰："令尹①子文三仕为令尹，无喜色；三已②之，无愠色③。旧令尹之政，必以告新令尹。何如？"子曰："忠矣。"曰："仁矣乎？"曰："未知。焉得仁？"

（《论语·公冶长》）

【注释】①令尹：楚国国君之下地位最高的官。　②已：停止，这里指被罢免。　③愠色：生气、怨恨的脸色。

【译文】

子张向孔子请教:"楚人子文,多次出任楚国的令尹,而他不曾露出高兴的脸色;又多次遭罢免,却也不曾露出生气的脸色。(每一次遭罢免的时候,)一定会把自己做令尹时候的政事告诉继任的令尹。这样的人怎么样?"孔子回答说:"不错,'忠'啊。"子张说:"算得上'仁'吗?"孔子说:"还不知道,哪里算得上'仁'!"("忠"主要意味着对人或对事尽心尽力,"仁"主要意味着"爱人""己所不欲,勿施于人"等,二者不同。故孔子有此评判。)

思考与练习

1. 学了这篇课文,你以为"忠"涉及生活的哪些方面?
2. 你还知道哪些古代圣人"忠"的故事,能说出来与同学们分享吗?
3. 忠诚是一种高尚的品质,然而也有人说"忠言逆耳",你怎么看呢?

国学活动建议

听比干死谏及屈原故事　背《忠经》选段　包粽子　踢毽子

四、信

学习提示

我们通常所讲的"信",指的是忠于职责、诚实守信,即诚信。只有当你被证明是一个值得信赖的人时,别人才会觉得你可靠,才会把大事托付给你。"信"的内涵很丰富。它包括说话算数,言行如一;尊重事实,反映真相;信守承诺,忠于职守;勇于承担责任,认真履行义务等。"信"最早是人们对上天和祖先的诚实与信赖,到了春秋时期,又成为人们普遍遵循的道德规范。"信"作为中华民族的传统美德,几千年来一直为人们所恪守,我们要十分珍惜这个道德资源,让它在我们民族齐圆中国梦的道路上发挥更大的作用,展示其更大的价值。

正文

(1) 子曰:"人而无信①,不知其可也。大车无輗②,小车无軏③,其何以行之哉?"

(《论语·为政》)

子贡问政。子曰:"足④食,足兵,民信之矣。"子贡曰:"必不得已而去,于斯三者何先?"曰:"去兵。"子贡曰:"必不得已而去,于斯二者何先?"曰:"去食。自古皆有死,民无信不立⑤。"

(《论语·颜渊》)

有子曰:"信近于义,言可复⑥也。恭近于礼,远耻辱也。因⑦不失其亲,亦可宗⑧也。"

(《论语·学而》)

子贡问曰:"何如斯可谓之士矣?"子曰:"行己有耻,使于四方,不辱君命,可谓士矣。"曰:"敢问其次。"曰:"宗族称孝焉,乡党称弟焉。"曰:

15

"敢问其次。"曰:"言必信,行必果,然小人哉!抑亦可以为次矣。"

(《论语·子路》)

【注释】①信:信用。 ②䡰:音 ní,古代大车车辕前面横木上的木销子。 ③軏:音 yuè,古代小车车杠前端与横木相衔接的销钉。 ④足:充足。 ⑤立:站立。 ⑥复:实践。 ⑦因:凭借、依靠。 ⑧宗:主,可靠。

【译文】

孔子说:"做人没有信用,不知道那怎么能行。这就好比大车没有安横木的䡰,小车没有安横木的軏,那怎么能行走呢?"

子贡问如何治理国家政事。孔子说:"粮食充足,军备充足,老百姓信任政府。"子贡说:"如果迫不得已要去掉一项,那么在这三项中先去掉哪一项呢?"孔子道:"去掉军备。"子贡又说:"如果迫不得已要再去掉一项,那么在其余的两项中先去掉哪一项呢?"孔子回答:"去掉粮食。自古以来谁都免不了死亡,但如果老百姓不信任政府,那么政府就不可能成立起来。"

有子说:"所讲的信用要符合义,这样,所许下的诺言才可以实践。恭敬符合礼,就不会遭耻辱了。依靠的都是可以亲近的人,也就可靠了。"

子贡问道:"怎样才可以称之为士?"孔子说:"自己的行为保持羞耻之心,出使外国,能很好地完成君王的使命,这样的人可以称为士了。"子贡说:"请问次一等的。"孔子道:"宗族称赞他孝顺父母,乡里乡亲称赞他恭敬尊长。"子贡又道:"请问再次一等的。"孔子回答说:"说话一定真实守信,行为一定果断坚决,这是不问是非曲直只管固执己见的小人呀!不过也可以算是再差一等的士了。"

(2)学贵信,信在诚①。诚则信矣,信则诚矣。人无忠信,不可立于世。不信不立,不诚不行。

(《二程集·河南程氏遗书》)

【注释】①诚:实打实地说话。

【译文】

做学问贵在讲信用,讲信用贵在诚实。诚实就能讲信用,讲信用就是诚

四、信

实。人如果没有忠心和信用，就不能在社会上立足。不讲信用就不能立于世，不诚实就不能在社会上行走。

(3) 尽己之谓忠，尽物之谓信，只是一理。但忠是尽己，信却是于人无所不尽。犹曰："忠信，内外也。"

（《朱子语类》）

【译文】

尽到自己的全部心意叫做忠，尽到事物的全部道理叫做信，忠信是一个道理。但是忠是尽到自己，信却是对人无所不尽到。就如人们所说："忠与信，是内与外的关系。"

(4) 凡出言，信为先，诈①与妄②，奚③可焉。……事非宜，勿轻④诺⑤。苟轻诺，进退错。

（《弟子规》）

【注释】①诈：欺骗。　②妄：荒诞不实。　③奚：怎么。　④轻：轻易，随便。　⑤诺：许诺，应允。

【译文】

开口说话，诚信为先；欺诈和虚夸怎么可以呢？……（别人要你）做的事如果不适宜，不要轻易答应；如果信口答应了，不论做还是不做，都是错的。

(5) 过蒲，会公叔氏以蒲畔①，蒲人止孔子。弟子有公良孺者，以私车五乘从孔子。其为人长贤，有勇力。谓曰："吾昔从夫子遇难于匡，今又遇难于此，命也已。吾与夫子再罹②难，宁斗而死。"斗甚疾，蒲人惧，谓孔子曰："苟③毋适④卫，吾出子。"与之盟⑤，出孔子东门。孔子遂适卫。子贡曰："盟可负邪？"孔子曰："要⑥盟也，神不听。"

（《史记·孔子世家》）

【注释】①畔：通"叛"，背叛，叛乱。　②罹：遭逢，遭遇。　③苟：如果。

17

④适：往，到。　⑤盟：订立盟约。　⑥要：要挟。

【译文】

孔子路过一个叫蒲的地方，正好遇上公叔氏占据蒲地反叛卫国，（于是）蒲人阻止孔子前往卫国。孔子弟子中有个叫公良孺的，自己带了五辆车子跟随孔子周游各地。他身材高大，有才德，又有勇力，对孔子说："我从前跟随老师周游，在匡地遇到危难，如今又在这里遇到危难，这是命里注定的吧。我和老师一再遭难，宁可搏斗而死。"公良孺跟蒲人打得很激烈，蒲人害怕了，对孔子说："如果你不到卫国去，我就放你们走。"孔子与他们订立了盟约，这才放孔子及其弟子从东门出去。孔子于是就带着弟子前往卫国。子贡说："盟约可以违背吗？"孔子说："在要挟下订立的盟约，神是不会认可的。"

（6）吾所谓不忠信，非全是虚伪。心不实固非忠信，心实而理不实亦非忠信，夫心与理，亦岂有二哉！理不实即是心不实，即虚伪也。

(《陈确集·文集》卷十一，《老实说》)

【译文】

我所说的不忠信，并非全是虚伪。心不实本来就不是忠信，心实而理不实也不是忠信，心和理，哪里能截然分为两部分呢？所以理不实就是心不实，就是虚伪。

思考与练习

1. 你知道哪些名人的诚信故事呢？和同学们交流一下。

2. 你认为做人要讲诚信吗？为什么？

3. 为什么孔子把"言必信，行必果"的人判为第三等的士，你能结合生活事例加以说明吗？

国学常识链接

曾子杀猪、商鞅移木建信、尾生抱柱、赤兔之死等　《声律启蒙》选段

五、礼

学习提示

《说文解字》说:"礼,履也。所以事神致福也。"也就是说"礼"最初的意思是"举行仪礼,祭神求福"。而到了现代,"礼"还有"礼仪""礼节""礼貌"的意思。其实,任何一个民族,都是十分注重"礼"的,因为"礼"不仅是人类社会的道德规范,而且也是人际交往的桥梁,同时它还是一个国家乃至整个社会必备的文明秩序。中华民族历来非常重视"礼",不仅有专门的著述《礼记》,还对"礼"做出了许多耐人寻味的阐释,无论过去还是现在,这些阐释都给人以启迪。

正文

(1) 不矜①细行,终累②大德③。

(《尚书·旅獒》)

【注释】①矜:慎重。 ②累:拖累,使受害。 ③大德:大节,古人指立身的道德。

【译文】

如果平时不注意小节方面的修养,最终会伤害到大节(酿成终生的遗憾)。

(2) 礼之于人,犹酒之有糵①也:君子以厚②,小人以薄③。

(《礼记·曲礼》)

子曰:"治国而无礼,譬犹④瞽⑤之无相⑥与,伥伥⑦乎其何之。"

(《礼记·仲尼燕居》)

人有礼则安⑧,无礼则危⑨。

(《礼记·曲礼》)

19

【注释】①糵：音 niè，酒曲，类似酿酒用的米。 ②厚：重视。 ③薄：轻视。 ④譬犹：好像。 ⑤瞽：音 gǔ，盲人。 ⑥相：辅佐，扶助。 ⑦伥伥：音 chāng chāng，指无所适从的样子。 ⑧安：和睦相处。 ⑨危：危害，伤害。

【译文】
礼仪对于人来说，就像酿酒用的酒曲，君子看重礼仪，小人轻视礼仪。

孔子说："治理国家若没有礼法，就好比盲人无人搀扶，憧憧然不知往哪走。"

人若有礼节讲礼貌，就会与人相安无事；人若没有礼节不讲礼貌，与人相处必然处处危险，甚至危害他人。

（3）子曰："恭而无礼则劳，慎而无礼则葸①，勇而无礼则乱，直而无礼则绞②。君子笃于亲，则民兴于仁；故旧不遗，则民不偷③。"

（《论语·泰伯》）

子曰："不知命，无以④为君子也；不知礼，无以立也。不知言，无以知人也。"

（《论语·尧曰》）

子曰："君子博学于文，约之以礼，亦可以弗畔⑤矣夫。"

（《论语·雍也》）

子贡曰："君子亦有恶⑥乎？"子曰："有恶。恶称人之恶者，恶居下流而讪⑦上者，恶勇而无礼者，恶果敢而窒⑧者。"

（《论语·阳货》）

颜渊喟然⑨叹曰："……夫子循循然善诱⑩人，博我以文，约我以礼，欲罢不能。"

（《论语·子罕》）

【注释】①葸：音 xǐ，畏惧。 ②绞：急切。 ③偷：淡薄，不厚道。 ④无以：没有……办法。 ⑤畔：通"叛"。 ⑥恶：厌恶，憎恶。 ⑦讪：毁谤，嘲讽。 ⑧窒：不通，指顽固不通，执拗到底。 ⑨喟然：叹气的样子。 ⑩诱：引导。

【译文】
孔子说："一味谦恭而不拿礼来节制，就会很辛苦；一味慎重而不拿礼来节制，就会畏首畏尾；一味勇猛而不拿礼来节制，就会犯上作乱、闯祸；一味直率而不拿礼来节制，就会急切而伤害人。在上位的人（若能发挥礼的精神）宽待父母、亲族，那么百姓就会为仁所激发（兴起仁厚之风）；不遗弃故交旧友，那么百姓就变得宽厚淳朴了。"

孔子说："不懂得命运，就不能做君子；不懂得礼，就无法立足于社会；不善于分辨言语的是非，就不可能认清人。"

孔子说："君子广泛地学习古代文献，再用礼来约束他，也就不会离经叛道了。"

子贡说："君子也有所憎恶吗？"孔子说："有憎恶。憎恶一味撒播别人坏处的人，憎恶身居下位而毁谤上级的人，憎恶勇敢却不懂礼节的人，憎恶勇于贯彻自己的主张，却顽固不通、执拗到底的人。"

颜渊感叹道："……老师善于有次序地引导我，用各种文献来丰富我的知识，又用一定的礼节来约束我的行为，使我想停止学习都不可能。"

(4) 子路、曾皙、冉有、公西华侍坐。子曰："以吾一日长乎尔，毋吾以①也。居②则曰：'不吾知也！'如或知尔，则何以哉？"子路率尔而对曰："千乘之国，摄③乎大国之间，加之以师旅，因④之以饥馑；由也为之，比及⑤三年，可使有勇，且知方⑥也。"夫子哂之。……（曾皙）曰："夫子何哂由也？"曰："为国以礼。其言不让，是故哂之。"

(《论语·先进》)

【注释】①毋吾以：不要因为我（停止）。　②居：平时。　③摄：夹。　④因：继。　⑤比及：等到。　⑥方：指儒家伦理道德。

【译文】

子路、曾皙、冉有、公西华陪坐在老师旁边，孔子说："因为我比你们年长一点吗？不要因为我比你们年长一点（就受约束，而不说出你们自己的想法）。你们平时常说：'不了解我啊！'如果有人了解你们，你们将怎么做呢？"子路轻率匆忙地回答道："有一千辆兵车的诸侯国，夹在大国之间，有军队来侵凌它，紧接着又碰上饥荒；我来治理它，等到三年后，可以使百姓有勇气，

21

并且懂得礼义道德。"孔子听了微微一笑。……（曾皙）问："老师为什么笑子路呢？"孔子回答："治理国家要用礼，子路说话不懂得谦让，所以笑他。"

（5）陈亢问于伯鱼①曰："子亦有异闻②乎？"对曰："未也。尝独立，鲤趋③而过庭。曰：'学《诗》乎？'对曰：'未也。''不学《诗》，无以言。'鲤退而学《诗》。他日，又独立，鲤趋而过庭。曰：'学《礼》乎？'对曰：'未也。''不学《礼》，无以立④。'鲤退而学《礼》。闻斯二者。"陈亢退而喜曰："问一得三：闻《诗》，闻《礼》，又闻君子之远⑤其子也。"

（《论语·季氏》）

【注释】①伯鱼：即孔子的儿子孔鲤，字伯鱼。 ②异闻：这里指不一样的教导。 ③趋：快步走。 ④立：立身，立足。 ⑤远：疏远，这里指不偏爱。

【译文】

陈亢问伯鱼道："你从夫子那里得到过与众不同的教导吗？"伯鱼回答："没有。他曾经独自一人站在庭院，我快步走过那里。他问：'学习《诗经》了吗？'我回答说：'还没有。''不学《诗经》，就不会说话。'我退下来后就去学《诗经》。又有一天，他还是独自一人站在庭院，我快步走过那里。他又问：'学习《礼》了吗？'我回答说：'还没有。''不学习《礼》就不能立身处世、立足于社会。'我退下来后就去学《礼》。就听说过这两件事。"陈亢回来高兴地说："（今天）问一件事情，知道了三件事：听说了学习《诗经》的意义，听说了学习《礼》的意义。又听说了君子不偏爱自己的儿子。"

（6）故人无礼则不生①，事无礼则不成，国无礼则不宁。

（《荀子·修身》）

【注释】①生：生存。

【译文】

所以人不守礼就无法生存，做事不受礼的约束就不能成功，治国不用礼就无法安宁。

(7) 君子谓："郑庄公于是乎有礼。礼，经①国家，定社稷②，序③民人，利后嗣者也。许无刑④而伐之，服而舍⑤之，度德而处之，量力而行之，相⑥时而动，无累后人，可谓知礼矣。"

(《左传·隐公十一年》)

【注释】①经：治理。 ②社稷：土神和谷神，古时君主都祭祀社稷，后来就用社稷代表国家，这里指政权。 ③序：依次序排列或按功升官，这里指安抚。 ④刑：通"型"，法度。 ⑤舍：通"赦"，免罪或免罚。 ⑥相：察看，仔细看。

【译文】

君子认为："郑庄公在这件事上是符合礼的。'礼'，是治理国家，稳定政权，安抚百姓，有利于后世子孙的。许国不守法度就去讨伐它，服罪了就宽恕它，度量自己的德行去处理问题，看清形势而后行动，不连累后人，可以说是知礼了。"

(8) 礼①尚②往来，往而不来，非礼也；来而不往，亦非礼也。

(《礼记·曲礼》)

【注释】①礼：礼节。 ②尚：注重。

【译文】

在礼节上注重有来有往。只有往而没有来，这是不符合礼节的；只有来而没有往，这也是不符合礼节的。

(9) 礼让一寸，得礼一尺。

(曹操《礼让令》)

【译文】

你礼让别人一寸，别人就会礼让你一尺。

思考与练习

1. 学习了以上国学典籍中对"礼"的解释，谈谈你对"礼"的认识。
2. 作为一名学生，如何在日常生活中做到"知礼""守礼"？

3. 请在课外继续积累关于"礼"的经典阐释，并与同学们交流。

国学活动建议

讲"礼"的两个故事（曾子避席、千里送鹅毛）　曲水流觞　击鼓传花　五子棋入门

六、义

学习提示

"义",在中国古代传统文化中是一种含义极广的道德范畴。"义",泛指一切合宜的道德、行为或道理。春秋时期齐国著名的丞相管仲把"义"列入国之四维(礼、义、廉、耻),他认为:"四维不张,国乃灭亡。"他在《管子·牧民》中还说:"国有四维,一维绝则倾,二维绝则危,三维绝则覆,四维绝则灭。"可见"义"之于国家是多么的重要。只不过"义"也还包含两肋插刀的所谓江湖之义,究竟我们要发扬什么样的"义",相信同学们阅读本篇课文后,会做出自己的选择。

正文

(1) 夫义者,所以济①志也,诸德之发②也。

(《礼记·祭统》)

【注释】①济:成就。 ②发:开端。

【译文】

义是用来成就志气与心愿的,是所有品德的开端。

(2) 子路曰:"不仕无义①。长幼之节,不可废也;君臣之义,如之何其废之?欲洁其身,而乱大伦②。君子之仕也,行其义也。道之不行,已知之矣!"

(《论语·微子》)

子曰:"君子义以为质③,礼以行之,孙④以出之,信以成之。君子哉。"

(《论语·卫灵公》)

子曰:"君子之于天下也,无适⑤也,无莫⑥也,义之与比⑦。"

(《论语·里仁》)

子曰:"德之不修,学之不讲,闻义不能徙,不善不能改,是吾忧也。"

子曰:"饭疏食饮水,曲肱⑧而枕之,乐亦在其中矣。不义而富且贵,于我如浮云。"

(《论语·述而》)

子路曰:"君子尚勇乎?"子曰:"君子义以为上。君子有勇而无义为乱,小人有勇而无义为盗。"

(《论语·阳货》)

子曰:"非其鬼⑨而祭之,谄也。见义不为,无勇也。"

(《论语·为政》)

【注释】①不仕无义:不出来做官,就违背了臣对君应当秉持的伦理原则。 ②大伦:这里指君臣间的根本伦理关系,行为准则。 ③质:根本。 ④孙:通"逊",谦逊。 ⑤适:专主。 ⑥莫:(没有什么事)一定不要怎样。 ⑦比:并列,紧靠。 ⑧肱:上臂,泛指胳膊。 ⑨鬼:古代人死称"鬼",一般多指去世的祖先;这里泛指鬼神。

【译文】

子路说:"不出来做官,不符合臣对君应当秉持的伦理原则。长幼间的礼节不可以废弃,君臣间的大义又怎么能够废弃呢?(你)想要自身清白,却破坏了君臣间根本的伦理关系。君子做官,目的是为了推行君臣间的根本伦理关系、行为准则的大义。至于我们的政治主张不能推行,我们已经知道了。"

孔子说:"君子做事以义为根本,依据礼来实行它,用谦逊的话说出来,用诚实的态度完成它。这才是个真君子啊!"

孔子说:"君子对于天下之事,没有什么事一定要怎样,也没有什么事一定不要怎样,而是怎样合于义就怎样做。"

孔子说:"不修行品德,不讲习学问,听到合乎道义的事却不能去做,自己身上不好的东西不能改正,这些都是我所忧虑的啊。"

孔子说:"吃粗糙的饭,喝凉的水,睡觉时弯着胳膊当枕头,这里边也是有乐趣的。用不正当的方法得到的富足与尊贵,在我看来犹如浮云一般。"

子路问:"君子崇尚勇敢吗?"孔子说:"君子认为义是最高尚的,(如果)君子只有勇而没有义,就会犯上作乱;平民有勇而无义,就会成为强盗。"

孔子说:"不是自己的祖先,却要去祭祀,这是谄媚。看到应该做的事情

六、义

却不去做，这是没有勇气。"

（3）苟为后义而先利，不夺不餍①。未有仁而遗其亲者也，未有义而后其君者也。王亦曰仁义而已矣，何必曰利？

（《孟子·梁惠王上》）

言非礼义，谓之自暴也；吾身不能居仁由义，谓之自弃也。仁，人之安宅②也；义，人之正路也。旷③安宅而弗居，舍正路而不由，哀哉！

（《孟子·离娄上》）

孟子曰："大人④者，言不必信，行不必果，惟义所在。"

孟子曰："人之所以异于禽兽者几希，庶⑤民去之，君子存之。舜明于庶物，察于人伦，由仁义行，非行仁义也。"

（《孟子·离娄下》）

先生以仁义说秦、楚之王，秦、楚之王悦于仁义，而罢三军之师，是三军之士乐罢而悦于仁义也。为人臣者怀仁义以事其君，为人子者怀仁义以事其父，为人弟者怀仁义以事其兄，是君臣、父子、兄弟去利，怀仁义以相接也，然而不王⑥者，未之有也。何必曰利。

《孟子·告子下》

尊德乐义，则可以嚣嚣⑦矣。故士穷⑧不失义，达⑨不离道。穷不失义，故士得己焉；达不离道，故民不失望焉。古之人，得志，泽加于民；不得志，修身见于世。穷则独善其身，达则兼济天下。

《孟子·尽心上》

【注释】①餍：满足。　②安宅：安适的住宅。　③旷：空，使空闲。　④大人：德行高尚，志趣高远的人。　⑤庶：众，此指普通人。　⑥王：动词，称王。　⑦嚣嚣：自得无欲之貌。　⑧穷：不得志。　⑨达：道路畅通，这里指得志。

【译文】

如果以义为后，以利为先，（大臣不杀掉国君）不夺取他全部财产就不会感到满足。还没有一个有仁心却遗弃父母的人，也没有一个讲道义却把君王摆在次要位置的人。大王只要说仁义（就可以了），哪里一定要谈利？

27

说话违背礼义，这就叫自己残害自己；我们自己不能居心于仁、由义而行，这就叫自我放弃。仁，是人安适的住宅；义，是人正确的道路。空着安适的住宅而不居，舍弃正确的道路而不走，可悲啊！

孟子说："有品德修养的人，说话不一定守信用，办事也不一定坚决彻底，一切本着'义'行事。"

孟子说："人跟禽兽不同的地方只有一点点，一般人丢弃了它，君子则保存了它（所以他才成为君子）。舜明白万物之理，洞察君臣、父子、夫妇、兄弟、朋友等各种人伦关系，仁义根于内心而所行都从仁义出，不是认为仁义是美的才努力去推行它。"

如果先生用仁义去劝说秦、楚二王，秦王、楚王由于喜爱仁义，而停止三军军事行动，这是使三军官兵愿意罢兵而喜爱仁义。当臣属的怀着仁义侍奉君王，做儿子的怀着仁义侍奉父亲，当弟弟的怀着仁义侍奉兄长，便可导致君臣、父子、兄弟之间怀着仁义相互接触交流，这样却不能称王，（历史上）还没有过这样的事。为什么非讲利不可呢?

尊崇德，喜欢义，便可以安详自若。因此，士人穷困不得志时不失掉义，得志时不离开道。穷困不失义，士人因此自得其乐；得志不离道，平民因此不至于失望。古代的人，得志之时，恩惠遍及百姓，不得志时，修养自己的身心显示（自己的不同）于世上。穷困时独善其身，得志时兼济天下。

思考与练习

1. 生活中你是怎么做到"义"的?

2. 当你做到"义"之后（或者没做到），会有什么体会？请结合生活中的例子谈一谈。

3. 当别人对你"义"的时候，你有什么感受?

国学常识链接

巨伯轻生重义、羊左之义、桃园三结义等故事　神话传说一（尧舜禅让、武丁梦相、刑天舞干戚等）

七、廉

学习提示

按《说文解字》的解释："廉，仄也。"即厅堂的侧边，后来引申为"正直、刚直、品行方正"。最早把它作廉洁解释的是《广雅》——"廉，清也"。而"廉洁"作为一个词，最早出现在战国时期伟大的诗人屈原的《楚辞·招魂》："朕幼清以廉洁兮，身服义而未沫。"东汉著名学者王逸在《楚辞章句》中注释说："不受曰廉，不污曰洁。"也就是说不接受他人馈赠的钱财礼物，不让自己清白的人品受到玷污，就是廉洁。当政之要在于兴一方，为政之要在于敢创新，治政之道在于求民安，施政之本在于洁自身。廉洁文化提倡廉洁自律，秉公办事，不徇私情，不谋私利，为人民服务，清白做人的精神，它是中华民族优秀的传统美德，是我们以及后代子孙必须永远发扬光大的传统美德。

正文

（1）罪莫大于可欲，祸莫大于不知足，咎①莫大于欲②得。故知足之足③，恒④足矣。

（《道德经》）

【注释】①咎：灾祸。 ②欲：贪欲。 ③足：满足。 ④恒：永远。

【译文】

罪过没有比放纵欲望更大的，祸患没有比不知道满足更为严重的，灾难没有比贪欲一定要实现更为惨痛的。所以知道满足的满足，是永远的满足。

（2）然则礼义廉耻不立①，人君无以自守②也。故曰：全生③之说胜，则廉耻不立。

（《管子·立政》）

【注释】①立：建立。　②守：操守。　③全生：保全自然赋予人的天性。

【译文】

不建立起礼义廉耻的道德规范，君主也就无法保持自己廉洁的操守。因此说：一旦保全自然赋予人的天性的理念取得了压倒一切的统治地位，人们就无法建立礼义廉耻的道德规范。

（3）古之狂也肆①，今之狂也荡；古之矜也廉②，今之矜也忿戾③；古之愚也直，今之愚也诈而已矣。

（《论语·阳货》）

子夏为莒父④宰⑤，问政。子曰："毋⑥欲速，毋见小利。欲速，则不达⑦。见小利，则大事不成。"

（《论语·子路》）

【注释】①肆：恣纵，放肆。　②廉：原指器物的棱角，这里是厉害的意思。　③戾：暴戾。　④莒父：鲁国地名，在今山东省。　⑤宰：县宰，相当于现在的县长。　⑥毋：不要。　⑦达：到达，达到。

【译文】

古代狂妄的人只是肆意直言，现在狂妄的人则放荡无羁了；古代矜持的人只是有点厉害，现在矜持的人则有点蛮横暴戾；古代愚昧的人还有直率的一面，现在愚昧的人却只有欺诈罢了。

子夏做了莒父的长官，问怎样治理政事。孔子说："不要图快，不要贪求小利。图快反而达不到目的；贪小利，就办不成大事。"

（4）孟子曰："可以取，可以无取，取伤①廉；可以与②，可以无与，与伤惠③；可以死，可以无死，死伤勇④。"

（《孟子·离娄下》）

【注释】①伤：损害。　②与：施与。　③惠：恩惠。　④勇：勇武。

【译文】

孟子说："可以拿取，也可以不拿取，拿取了会损害廉洁；可以施与，也可以不施与，施与了会损害恩惠；可以死，也可以不死，死了会损害勇武。"

(5) 夫昔者君子比德于玉。温润而泽，仁也；缜密以栗①，智也；廉而不刿②，义也；垂之如坠，礼也；叩之，其声清越而长，其终则诎③然，乐矣；瑕不掩瑜，瑜不掩瑕，忠也。……《诗》云："言④念君子，温其如玉。"故君子贵之也。

(《荀子·不苟》)

今是人之口腹⑤，安知礼义？安知辞让？安知廉耻隅积⑥？亦呷呷⑦而嚼、乡⑧乡而饱已矣。

(《荀子·荣辱》)

【注释】①栗：坚实。 ②刿：刺伤，划伤。 ③诎：音 qū，声音戛然而止。 ④言：无意义，用于句中或句首，作语气助词。 ⑤口腹：一般指饮食，此处指嘴巴和肠胃。 ⑥隅积：部分与整体。 ⑦呷呷：音 rán rán，咀嚼的样子。 ⑧乡：通"香"。

【译文】

从前君子将玉的品质与人的美德相比。玉温润而有光泽，像仁；细密而又坚实，像智；有棱角而不伤人，像义；悬垂就下坠，像礼；敲击它，声音清脆而悠长，最后戛然而止，像乐；玉上的瑕疵掩盖不住它的美好，玉的美好也掩盖不了它的瑕疵，像忠。……《诗经》说："每想起那位君子，他温和如同美玉。"所以君子以玉为贵。

现在这些人的嘴巴和肠胃，哪里懂得什么礼节道义？哪里懂得什么推辞谦让？哪里懂得什么廉洁和羞耻、局部的小道理和整体的大道理？也只是知道慢吞吞地嚼东西、香喷喷地吃个饱罢了。

(6) 廉者常乐①无求②，贪者常忧③不足④。

(王通《中说·王道》)

【注释】①乐：快乐。 ②求：求取。 ③忧：忧虑。 ④足：满足。

【译文】

清廉的人常常快乐，(是因为他)没有贪求；贪婪的人常常忧虑，(是因

31

为他总是感到）不满足。

（7）吏不畏吾严而畏吾廉，民不服①吾能而服吾公；廉则吏不敢慢②，公则民不敢欺。公生明，廉生威③。

(郭允礼《清碑·官箴》)

【注释】①服：（衷心）信服。 ②慢：怠慢。 ③威：威严。

【译文】

官吏不害怕我的严厉而怕我廉洁，百姓不心服我的才能而心服我的公正；廉洁，那么官吏不敢怠慢；公正，那么百姓不敢欺骗。公正，就能够心明眼亮；廉洁，就能够树立威严。

（8）智者不为非其事，廉者不求非其有。

(韩婴《韩诗外传》)

【译文】

聪明的人不做他不应做的事，廉洁的人不追求他不应得的财物。

（9）铁面无私丹心忠，做官最忌念叨功。操劳本是分内事，拒礼为开廉洁风。

(包拯《拒礼诗》)

【译文】

铁面无私忠心为国，做官最忌讳的就是总说自己有多大功劳。为国操心本来就是自己的分内之事，拒绝礼物是为了开创廉洁的风气。

（10）罢郡轻舟回江南，不带秦川一寸棉。回看群黎终有愧，长亭一别心黯然。

(蔡信芳《离任诗》)

【译文】

在郡为官期满，驾着一叶轻身回江南老家，不带走秦川的一寸棉纱丝绸。

回头看到前来相送的众乡亲,心中终究还是有一丝惭愧,长亭这一别不免黯然神伤。

思考与练习

1. 有哪些植物象征清正廉洁的品质?
2. 有哪些古诗蕴含着清正廉洁的含义?
3. 如果你遇到违背廉洁、不公平的事,你会如何看待,如何解决呢?

国学活动建议

子罕以廉为宝、父子清廉、诸葛亮一生清廉　中国象棋入门一

八、耻

学习提示

一个人，要有知耻之心，因为"耻"是人内在的道德底线，是人之为人的标志。一个人也许可以缺乏智慧，也可能无大作为，但不能无耻，无耻就如同孟子所说是"非人也"。试想，一个人连人之为人的东西都不在乎了，那将是多么的危险？他完全有可能因为无所顾忌什么坏事都干得出来，"耻"是建立其他德性的良心基础。只是人们常常弄不清什么是可耻的，什么是不可耻的。所以，在古代中国，人们十分重视以羞耻心为基础的进德修业，特别强调知耻之心的培养。而生活在当代的我们，是不是应该比我们的祖先更加重视羞耻心的培养？

正文

（1）子曰："好学近乎知①，力行②近乎仁，知耻近乎勇。"知斯三者，则知所以③修身。知所以修身，则知所以治人。知所以治人，则知所以治天下国家矣。

（《中庸·右第二十章》）

【注释】①知：通"智"。　②力行：努力实行。　③所以：用来……的办法。

【译文】

孔子说："努力学习就接近智慧，尽力实行就接近仁爱，知道羞耻就接近勇敢。"知道这三点，就知道修养自己的方法。知道修养自己的方法，就知道治理民众的方法。知道治理民众的方法，就知道治理天下国家的方法了。

（2）子曰："道①之以政，齐之以刑，民免②而无耻；道之以德，齐之以礼，有耻且格③。"

（《论语·为政》）

八、耻

子贡问曰："何如斯可谓之士矣？"子曰："行己有耻，使于四方，不辱君命，可谓士矣。"

（《论语·子路》）

子曰："古者言之不出，耻④躬之不逮⑤也。"

（《论语·里仁》）

宪问耻。子曰："邦有道⑥，谷⑦；邦无道，谷，耻也。"

子曰："君子耻其言而过其行。"

（《论语·宪问》）

子贡问曰："孔文子⑧何以谓之'文'也？"子曰："敏而好学，不耻下问，是谓之'文'也。"

（《论语·公冶长》）

【注释】①道：通"导"。　②免：苟免。　③格：归服。　④耻：意动用法，以……为可耻。　⑤逮：及，赶上。　⑥有道：政治清明。　⑦谷：动词，拿俸禄。　⑧孔文子：卫国大夫孔圉，"文"是他的谥号。

【译文】

孔子说："用法律（或行政命令）来引导他们，用刑罚来整治（规范）他们，这样他们虽然能够免于犯罪，却不知道犯罪是可耻的；用道德来引导他们，用礼教来整治（规范）他们，这样他们有羞耻之心，而且人心归服。"

子贡问道："怎样才可以称作士呢？"孔子回答说："能用羞耻之心约束自己，出使其他国家，不辜负君王的重托，很好地完成使命，这样的人便可以称为士。"

孔子说："古时候的人言语不轻易说出口，是（因为他们）以行动赶不上（自己的言语）为可耻。"

原宪问什么是耻辱。孔子说："国家政治清明，做官拿俸禄（却没有什么作为）；国家政治黑暗，做官拿俸禄（却不能独善其身），这就是耻辱。"

孔子说："君子认为说的比做的多是耻辱的。"

子贡问道："孔文子这个人因为什么缘故谥他为'文'呢？"孔子说："因为他聪明好学，不以问不如自己的人为耻辱，所以给他'文'的谥号。"

（3）孟子曰："……无羞恶①之心，非人也。……羞恶之心，义之端②也。"

（《孟子·公孙丑上》）

孟子曰："人不可以无耻③，无耻之④耻，无耻矣。"

孟子曰："耻之于人大矣。为机变之巧者，无所用耻焉。不耻不若人，何若人有？"

孟子曰："君子有三乐。……仰不愧于天，俯不怍⑤于人，二乐也。……"

（《孟子·尽心上》）

【注释】①羞恶：因自身的不善而羞耻，见他人的不善而憎恶。 ②端：开头，开端。 ③无耻：没有羞耻。 ④之：到。 ⑤怍：惭愧。

【译文】

孟子说："……（一个人）要是没有因自身的不善而羞耻、见他人的不善而憎恶的心，就不配做人。……有因自身的不善而羞耻、见他人的不善而憎恶的心，是义的开端。"

孟子说："人不可以没有羞耻，（从）没有羞耻到有羞耻，（这才能够永远）没有羞耻啊！"

孟子说："羞耻对于人关系大极了。以奸诈多变为得计的人，是没有地方讲羞耻的。不把不如别人当作羞耻，有什么（地方）能赶上别人呢？"

孟子说："君子的乐趣有三种。……上对天不惭愧，下对人不亏心（即不惭愧），这是第二种乐趣。"

（4）文中子①曰："罪莫大于好进，祸莫大于多言，痛莫大于不闻过，辱莫大于不知耻。闻谤而怒者，谗之囮②也；见誉而起者，佞之媒也。绝囮去谋③，谗佞远矣。"

（《文中子·魏相》）

【注释】①文中子：即王通，隋朝教育家。 ②囮：音é，本指媒鸟，即捕鸟时用于引诱鸟的鸟。这里直接指媒介。　③谋：通"媒"。

【译文】

隋代人王通说："（导致）犯罪的最主要原因就是急功冒进，（招致）灾祸的最主要原因就是话太多，痛苦没有比听不到自己的过失更大的，耻辱没有比不知羞耻更大的。听到批评就发怒，那可是谗言的媒介；看到荣誉就行动，那可是奸佞的媒介。断绝这两种媒介，才可以远离谗言与奸佞之人。"

（5）礼义廉耻，可以律①己，不可绳②人。律己则寡过，绳人则寡合③。

（《省心录》）

【注释】①律：约束。　②绳：衡量，约束。　③合：和睦，和谐，融洽。

【译文】

礼义廉耻，可以用来约束自己，不可以用来衡量或约束别人。约束自己则能少犯错误，约束别人则很少能与人和睦相处。

（6）齐人有一妻一妾而处室者，其良人出，则必餍酒肉而后反①。其妻问所与饮食者，则尽富贵也。其妻告其妾曰："良人出，则必餍酒肉而后反；问其与饮食者，尽富贵也。而未尝有显者②来。吾将𥄎良人之所之也③。"

蚤④起，施从⑤良人之所之，遍国中无与立谈者。卒之东郭墦间⑥，之祭者，乞其余；不足，又顾而之他⑦：此其为餍足之道也。

其妻归，告其妾曰："良人者，所仰望而终身也，今若此！"与其妾讪⑧其良人，而相泣于中庭。而良人未之知也，施施⑨从外来，骄其妻妾。

由君子观之，则人之所以求富贵利达者，其妻妾不羞也而不相泣者，几希⑩矣！

（《孟子·离娄下》）

【注释】①餍：吃饱；反：通"返"。　②显者：有名望地位的人。　③𥄎：音jiàn，窥视。所之：所去的地方。　④蚤：通"早"。　⑤施：音yí，通"迤"，斜行；从：跟随。　⑥卒：最后，终于；郭：外城；墦：音fán，坟墓。　⑦顾：回头看，环视；之他：走向其他人。　⑧讪：讥笑怨骂。　⑨施施：喜悦自得的样子。　⑩几希：不多，一丁点。

37

【译文】

齐国有个人与妻子和小妾住在一起,她们的丈夫出去,一定会吃饱了酒肉以后再回家。他的妻子问他在一块吃喝的都是些什么人,他说都是些富裕而有显贵地位的人。他的妻子告诉他的妾说:"丈夫出去,就一定会吃饱了酒肉以后回家;问他跟什么人在一块吃喝,他说都是些富裕而有显贵地位的人。可是我们家从来没有有名望地位的人来过。我将暗中看看丈夫究竟是去什么地方。"

第二天她早早地起来,斜行跟随丈夫前往他去的地方,整个城里没有一个人站住跟他说话。最后他来到城外东边的坟墓之间,走向祭祀先人的人,向他们乞讨祭祀剩下来的酒肉;不够吃,又环视四周走向其他(祭祀先人的)人:这大概就是他吃饱喝足的办法啊。

他的妻子回到家里,告诉他的妾说:"丈夫是我们一辈子的指望,现在竟是这样!"跟他的妾讥笑怨骂自己的丈夫,并且在庭中面对面哭泣。可是丈夫不知道这事,怡然自得地从外面回来,(还)在他的妻子和妾面前做出傲慢的样子。

在君子看来,那些用龌龊的手段谋求富贵显达的人,他们的妻妾不为之感到羞耻而相对涕泣于庭院中的,是很少见的。

思考与练习

1. 你能说出几个"知耻"的名言警句吗?
2. 了解"不耻下问"的故事。
3. 用上其中一句关于"耻"的名言,结合自己的实际说说收获。

国学常识链接

关于"耻"的历史故事(纯仁无愧、卢革避试、管宁善化、勾践尝胆、韩信忍胯下之耻)　成语故事(此地无银三百两、智子疑邻、守株待兔、刻舟求剑、狐假虎威、数典忘祖、退避三舍、亡羊补牢、滥竽充数、黔驴技穷、为虎作伥)

九、仁

学习提示

"仁",是孔子理想人格的核心。整部《论语》共有五十九章提到"仁",共用了109个"仁"字,但是并没有哪一章很明确地为"仁"下过定义。孔子只是很具体地从各种角度启示人们应该如何行"仁",当然,我们也可以由孔子的启迪中去揣摩"仁"是什么,从而让我们对"仁"有一个全面而贯通的认识。即使做不到,至少也能从不同侧面说出自己对"仁"的独特理解。

正文

(1) 颜渊问仁。子曰:"克己复礼①为仁。一日克己复礼,天下归仁焉。为仁由己,而由人乎哉?"颜渊曰:"请问其目②。"子曰:"非礼勿视,非礼勿听,非礼勿言,非礼勿动。"

仲弓问仁。子曰:"出门如见大宾,使民如承大祭③。己所不欲,勿施于人。在邦无怨,在家无怨④。"

司马牛问仁。子曰:"仁者,其言也讱⑤。"曰:"其言也讱,斯谓之仁已乎?"子曰:"为之难,言之得无讱乎?"

(《论语·颜渊》)

【注释】①克己复礼:克制自己(的私欲)回复到礼(使言行合于礼)。 ②目:条目,详情。 ③使民如承大祭:使唤百姓就像承当重大祭祀一样严肃庄重。 ④在邦无怨,在家无怨:在诸侯国做官,为诸侯做事不怨天尤人;在卿大夫家做官,为卿大夫做事不怨天尤人。 ⑤讱:音 rèn,说话谨慎。

【译文】

颜渊问什么是仁。孔子说:"克制自己(的私欲)回复到礼,就是仁。有一天你做到了克己复礼,全天下都会称许你是仁人。要做到仁,靠的是自己,难道靠别人吗?"颜渊说:"请问克己复礼的具体条目。"孔子说:"不合乎礼的不看，不合乎礼的不听，不合乎礼的不说，不合乎礼的不做。"

仲弓问什么是仁。孔子说："出门做事如同接见贵宾一样恭敬谨慎，使唤百姓就像承当重大祭祀一样严肃庄重。自己不喜欢的事物，不要强加在别人身上。在诸侯国做官，为诸侯做事不怨天尤人；在卿大夫家做官，为卿大夫做事不怨天尤人。"

司马牛问什么是仁。孔子说："仁人，他的话说得很谨慎。"司马牛说："说话谨慎，这就叫做仁了吗？"孔子说："做起来很困难，说话能够不谨慎吗？"

(2) 子曰："里仁为美①。择不处仁，焉得知？"

子曰："不仁者，不可以久处约②，不可以长处乐。仁者安仁，知者利仁。"

子曰："苟志于仁矣，无恶也。"

(《论语·里仁》)

子曰："知者乐水，仁者乐山。知者动，仁者静。知者乐，仁者寿。"

子贡曰："如有博施于民而能济众③，何如？可谓仁乎？"子曰："何事于仁，必也圣乎④！尧舜其犹病诸⑤！夫仁者，己欲立而立人，己欲达而达人。能近取譬，可谓仁之方也已。"

(《论语·雍也》)

子曰："仁远乎哉？我欲仁，斯仁至矣！"

(《论语·述而》)

子曰："志士仁人，无求生以害仁，有杀身以成仁⑥。"

子贡问为仁。子曰："工欲善其事，必先利其器。居是邦也，事其大夫之贤者，友其士之仁者。"

子曰："当仁，不让于师。"

(《论语·卫灵公》)

【注释】①里仁为美：里，动词，居住；居住在有仁德的地方才是好的。 ②约：穷困。 ③如有博施于民而能济众：博，广泛；济，帮助；假如有一个人能够广泛地施惠于民众,并给有需要的民众以帮助。 ④何事于仁,必也圣乎:必,一定;这何止是仁呢,必定是圣了。 ⑤尧舜其犹病诸:病,担忧;诸,"之乎"的合音;尧、舜大概还担忧达不到这种境界呢。 ⑥杀身以成仁:牺牲生命而成全仁义。

【译文】

孔子说:"居住在有仁德的地方才是好的。选择住处,却不住在有仁德的地方,那怎么说是聪明智慧的呢?"

孔子说:"没有仁德的人,不能长久地处于穷困的环境中,也不能长久地处于安乐的环境中。有仁德的人安于实行仁,算计得精明的人利用仁。"

孔子说:"如果立志实行仁德,就不会做坏事了。"

孔子说:"聪明的人喜好水,仁人喜好山。聪明人灵动,仁人沉静。聪明人快乐,仁人长寿。"

子贡说:"假如有一个人能够广泛地施惠于民众,并给有需要的民众以帮助,怎么样,可以说是仁吧?"孔子说:"这何止是仁呢,必定是圣了。尧、舜大概还担忧达不到这种境界呢。那有仁德的人,自己想要站得住,同时也要让别人站得住;自己想要通达,同时也要别人通达。凡事能够近取自己作比方,可以说是实践仁的方法了。"

孔子说:"仁德难道离我们很远吗?我想要达到仁,仁就会到来。"

孔子说:"志向高尚的人以及仁义的人,不会苟且贪生而损害仁义,只会勇于牺牲生命而成全仁义。"

子贡问怎样实行仁德。孔子说:"做工的人要想做出高质量的物品,必须先把工具搞好。住在一个国家,就要尊敬那大夫中有贤德的人,结交士人中有仁德的人。"

孔子说:"面对行仁的事,(就是)对老师也不必谦让。"

(3) 孟子曰:"君子所以异于人者,以其存心①也。君子以仁存心,以礼存心。仁者爱人,有礼者敬人。爱人者,人常爱之。敬人者,人常敬之。"

(《孟子·离娄下》)

梁惠王曰:"晋国,天下莫强焉,叟②之所知也。及寡人之身,东败于齐,长子死焉；西丧地于秦七百里；南辱于楚。寡人耻之，愿比死者壹洒之③，如之何则可？"孟子对曰："地方百里，而可以王。王如施仁政于民，省刑罚④，薄税敛⑤，深耕易耨，壮者以暇日修其孝、悌、忠、信，入以事父兄，出以事长上，可使制梃⑥以挞秦、楚之坚甲利兵矣。彼夺其民时，使不得耕耨以养其父母，父母冻饿，兄弟妻子离散。彼陷溺⑦其民，王往而征之，夫谁与王敌？故曰：'仁者无敌。'王请勿疑。"

（《孟子·梁惠王上》）

【注释】①存心：居心，用心。 ②叟：对老年男子的尊称。 ③愿比死者壹洒之：比，为，替；壹，全部；洒，音 xǐ，洗雪；愿意替那些为国捐躯的将士完全洗雪耻辱。 ④省刑罚：省，减少；减轻刑罚。 ⑤薄税敛：薄，减损、减轻；少征赋税。 ⑥制梃：制，掣也，拿着；梃，木棍；拿着棍子。 ⑦陷溺：陷与溺在此同义，均为使人掉进陷阱。

【译文】

孟子说："君子跟普通人的区别，就在于居心不一样。君子居心合乎仁，也合乎礼。仁者爱别人，有礼者尊敬别人。爱别人的人常常被人爱，敬别人的人常常被人敬。"

梁惠王说："（想当年，我们）晋国，天下没有比它更强大的国家，这是您老所深知的。而如今到了我当政，东边被齐国打败，连我的大儿子也阵亡了；西边丧失了河西之地七百多里，割让给秦国；南边又（失掉八个城邑）被楚国所欺侮。我为此感到羞耻，希望能替全体死难的将士雪耻复仇，您说我该怎么办才好？"孟子回答道："在任何方圆百里的小国家，都可以在自己的国土推行王道，大王如果肯对百姓施行仁政，减免刑罚，少收赋税，提倡精耕细作，及时锄草，使健壮的青年利用闲暇时间加强孝亲、敬兄、忠诚、守信的道德修养，做到在家能侍奉父兄，外出能尊敬长辈和上级，这样，即使手里拿着木制的棍棒，也可以攻击打败拥有坚实盔甲和锋利武器的秦、楚军队。（因为）他们侵占了百姓的农时，使他们无法耕种来赡养父母。父母受冻挨饿，兄弟妻儿各自逃散。他们残虐百姓，使人民陷于水深火热之中，大王如果兴师前往讨伐它，有谁能跟大王较量？所以说：'实行仁政者无敌于天下。'请大王不要再怀疑犹豫了。"

思考与练习

1. 试举史实，说明哪些是"杀身成仁"的例子，哪些又是"求生害仁"的事例。

2. 孔门弟子问仁，孔子为何没有固定答案？这会让人无所适从吗？

3. 孔子说："我欲仁，斯仁至矣。"行仁似乎一点也不难，可是为什么孔子不轻易以仁许人呢？

国学活动建议

君子以剑自卫乎　苏轼还房　郗公含哺　诸葛亮七擒孟获释仁爱　汉字书写二（研墨、运笔和执笔）

十、俭

学习提示

"俭",即节俭,是一个永不过时的话题。古人云:"历览前贤国与家,成由勤俭败由奢。"在中国上下五千年的历史长河中,勤俭节约的美德被很多朝代奉为治国要略。从诸子百家到历代学问家、政治家的文献中,随处可见和勤俭节约有关的名言警句,他们从不同的角度出发,提醒为政者贪婪无度、横征暴敛终将灭国,只有勤俭爱民,节用治国才能长治久安。今天,我们国家虽然已经进入快速发展的历史时期,但我们仍然必须保持节俭的优良传统,在节俭上用力,保证我们国家永远立于不败之地。

正文

(1) 君子以俭德①辟②难,不可荣以禄③。

(《周易·否》)

【注释】①俭德:以俭为德。 ②辟:通"避"。 ③荣以禄:追求荣华,谋取禄位(俸禄和爵位,借指官职)。

【译文】

君子以节俭为德而避开危难,不可追求荣华,谋取禄位。

(2) 克①勤于邦,克俭于家。

(《尚书·大禹谟》)

【注释】①克:胜任,能够。

【译文】

治理国家大事需要勤劳,安排家庭生活需要节俭。

(3) 人惰而侈①则贫，力②而俭则富。

（《管子·形势解》）

【注释】①侈：奢侈，追求过分的享受。　②力：勤，努力。

【译文】

做人懒惰而且奢侈就会贫穷，勤劳节俭就会富有。

(4) 子曰："道①千乘之国②，敬事而信，节用而爱人，使民以时③。"

（《论语·学而》）

林放问礼之本④。子曰："大哉问！礼，与其奢也，宁俭；丧，与其易也，宁戚⑤。"

（《论语·八佾》）

子曰："士志于道⑥，而耻恶衣恶食者⑦，未足与议也。"

（《论语·里仁》）

【注释】①道：通"导"，治理的意思。　②千乘之国：乘，音 shèng；就是拥有一千辆兵车的诸侯国。　③时：指农闲的时候。　④本：本质，根本。　⑤与其易也，宁戚：戚，悲哀；与其礼仪周到，不如在心里真诚悲伤。　⑥道：真理。　⑦耻恶衣恶食者：以穿粗布衣吃粗粮为耻辱。

【译文】

孔子说："治理具有一千辆兵车的国家，就要严肃认真地对待工作，恪守信用，节约开支，爱护各级部下，在农闲时役使百姓。"

林放问礼的本质。孔子说："你问的问题意义重大啊！一般的礼仪，与其奢侈，不如朴素俭约；就丧礼来说，与其办得礼仪周到，不如在心里真诚悲伤。"

孔子说："读书人有志于真理，但又以穿粗布衣吃粗粮为耻辱，这种人不值得同他谈论道。"

(5) 圣人为政一国，一国可倍也；大①之为政天下，天下可倍也。其倍之，非外取地也，因其国家去②其无用之费，足以倍之。圣王为政，其发令、兴事、使民、用财也，无不加用③而为者。是故用财不费，民德④不劳，其兴利多矣！……故子墨子曰："去无用之费，圣王之道⑤，天下之大利也。"

（《墨子·节用上》）

【注释】①大：扩大。　②去：除去。　③加用：愈加有用。　④民德：意义同"民生"。　⑤道：王道，法则。

【译文】

圣人在一国施政，一国的财富能够加倍增长；扩大到在天下施政，天下的财富也能加倍增长。这些加倍增长的财富不是向外掠夺土地而来，而是根据国家实情，省去了不必要的费用，从而就足以使财富加倍了。圣王施政，他发布命令，举办事业，使用民力、财力，没有不是大有益于实用才做的。所以他使用财力不浪费，民生不劳苦，他兴起的利益就多了。……所以墨子说："除去无用的费用，是圣王的王道，天下的大利啊！"

（6）孟子曰："恭①者不侮②人，俭者不夺③人。侮夺人之君，惟恐不顺焉，恶④得为恭俭？恭俭岂可以声音笑貌为⑤哉？"

（《孟子·离娄上》）

【注释】①恭：谦逊有礼。　②侮：轻慢，不敬重。　③夺：掠夺。　④恶：怎么，哪里。　⑤为：做，表现。

【译文】

孟子说："对人有礼貌的人不会侮辱人，自知节俭的人不会掠夺人。侮辱人而且掠夺人的君王，生怕别人不顺从，怎么能够做到讲礼貌重节俭呢？礼貌和节俭难道能靠声音笑容（装模作样地）表现出来吗？"

（7）强①本②而节③用，则天不能贫④。

（《荀子·天论》）

【注释】①强：使……强。　②本：农业。　③节：节省，节约。　④贫：使……贫穷。

【译文】

如果能够加强农业生产，节省各项费用，那么就是上天也不能使人贫困。

十、俭

（8）夫君子之行，静以修身，俭以养德；非淡泊①无以明志，非宁静②无以致远。夫学须静也，才须学也；非学无以广③才，非志无以成学。淫慢④则不能励精，险躁⑤则不能治性。年与时驰，意⑥与日去，遂成枯落，多不接世⑦，悲守穷庐，将复何及？

(诸葛亮《诫子书》)

【注释】①淡泊：清静而不贪图功名利禄。　②宁静：这里指安静，集中精神，不分散精力。　③广：扩充，增加。　④淫慢：淫，放纵；慢，懈怠；放纵松懈。　⑤险躁：冒险急躁。　⑥意：意志。　⑦接世：接触社会，承担事务。

【译文】

君子的行为，应该凭借宁静来修养身心，凭借节俭来培养高尚的道德；（因为）不能看轻疏远（名利）就没有办法明确自己的志向，不能平静安然就没有办法达到远大的目标。学习必须静心专一，才干则来自学习；不学习就无法增长才干，没有志向就无法成就学业。放纵懒散就不能振奋精神，急躁冒险就不能陶冶性情。年华随时光飞驰，意志随岁月流逝。最终枯败零落，大多（因为）不接触世事（不为社会所用），只能悲哀地守着那穷困的屋舍，那时悔恨又怎么来得及呢？

（9）顾人之常情，由俭入奢易，由奢入俭难。……御孙曰："俭，德之共也；侈，恶之大也。"共，同也，言有德者皆由俭来也。夫俭则寡欲，君子寡欲，则不役于物①，可以直道而行②，小人寡欲，则能谨身③节用，远罪丰家④，故曰："俭，德之共也。"侈则多欲，君子多欲则贪慕富贵，枉道速祸⑤，小人多欲则多求妄用⑥，败家丧身⑦，是以居官必贿⑧，居乡必盗⑨，故曰："侈，恶之大也。"

（司马光《训俭示康》）

【注释】①不役于物：不被外物役使，不受外物牵制。　②直道而行：行正直之道，即任何事情都敢于诚实不欺地去做。　③谨身：约束自己。　④远罪丰家：远离犯罪，丰裕家室。　⑤枉道速祸：枉，曲；速，招；不循正道而行，招致祸患。　⑥多求妄用：多

47

方营求，随意浪费。 ⑦败家丧身：使家庭败落，使自己丧失了性命。 ⑧居官必贿：做官就一定贪赃受贿。 ⑨居乡必盗：当老百姓也一定偷盗。

【译文】

人的常情为从节俭进入奢侈容易，从奢侈转为节俭很难。……御孙说："节俭是一切美德所共有的特点，奢侈，是所有邪恶中最大的恶。"共，就是"同"，说的是好的品德都是从节俭而来。（因为如果）节俭，人就会清心寡欲，君子清心寡欲就不会被外物所役使，可以行正直之道；小人清心寡欲就能约束自己节约用度，远离犯罪丰裕家室，所以说："节俭，是一切美德都共有的特点。"（因为如果）奢侈，人就会有很多欲望，君子欲望多就会贪图美慕富贵，不走正路而招来祸患；小人欲望多就会多方营求（财物同时又）随意浪费，使家庭败落让自己丧失了性命。所以（欲望多的人）做官就一定贪赃受贿，当老百姓就一定会去偷盗，所以说："奢侈，是所有邪恶中最大的恶。"

（10）历览前贤国与家，成由勤俭败由奢。

（李商隐《咏史二首·其二》）

【译文】

纵览历史，先贤圣人的教诲（都告诉我们）：不论是怎样的邦国与家庭，成功都源于勤俭，破败皆起于奢华。

（11）衣贵洁，不贵华。上循分，下称家。对饮食，勿拣择。食适可，勿过则。

（《弟子规》）

【译文】

衣服的穿着贵在整洁干净，而不在于华贵漂亮。见长辈时穿的衣服要符合自己的身份，平时在家时穿的衣服要和自己的家境状况相称。对于饮食，不要挑挑拣拣，够量就可以，不可以超过平时的分量。

(12) 奢者狼藉①俭者安，一凶②一吉在眼前。

(白居易《草茫茫》)

【注释】①狼藉：此指困厄、窘迫、溃败失亡之相。 ②凶：不吉利。

【译文】

奢侈的人最终必呈困厄、窘迫、溃败失亡之相，节俭的人最终也必定是安定和安详；奢侈节俭导致的一个不吉利和一个吉利的回报就在眼前。

(13) 奢则妄取苟①取，志气卑辱②；一从俭约③，则于人无求，于己无愧，是可以养气也。

(罗大经《鹤林玉露》)

【注释】①苟：贪求。 ②卑辱：卑污屈辱。 ③俭约：俭省节约。

【译文】

如果一个人追求奢侈就会向社会胡乱索取，其志向人格肯定是卑污屈辱的；如果一个人崇尚俭省节约则可不求于人、无愧于己，这样就可以培养自己的浩然正气。

思考与练习

1. 有些同学穿衣很讲究，总要让家长给买名牌，对于这样的同学，你要用《弟子规》中的哪些话劝导他们？

2. 课文中和节俭有关的语句，令你最有感触的是哪一句？写一两句感受。

3. 搜集和节俭有关的历史故事，与大家分享。

国学常识链接

季文子节俭立身　苏东坡房梁挂钱　《三字经》选段　《笠翁对韵》选段　"华夏"的来历

十一、让

学习提示

"让",即谦让。我国优秀传统文化既讲求仁义礼智信,也讲求温良恭俭让。前者我们已经做了专章讲习,这一课我们主要研习谦让。尽管在日新月异的今天,世界处处充满着激烈的竞争,因而谦让也就成了当今社会令人感到特别温馨的品德。如果处处都有文明礼让的谦谦君子,我们离和谐社会还会遥远吗?

正文

(1) 谦谦君子①,卑以自牧②也。

(《周易·谦》)

【注释】①谦谦君子:谦谦,谦逊貌;君子,品德高尚的人;谦虚而严于律己的人。②卑以自牧:卑,下;牧,治也;即使处于卑微的地位,也能以谦虚的态度自我约束。

【译文】

谦虚而严于律己的人,即使处于卑微的地位,也能以谦虚的态度自我约束。

(2) 惟①德动天,无远弗届②。满招损,谦受益,时乃天道③。

(《尚书·大禹谟》)

好问则裕④,自用⑤则小。

(《尚书·仲虺之诰》)

【注释】①惟:只,只有。 ②无远弗届:届,到达。不管多远之处,没有到不了的。 ③时乃天道:时,这;天道,自然的道理;这是自然的道理。 ④好问则裕:裕,富裕;喜欢问知识就会丰富。 ⑤自用:自以为是。

【译文】

只有高尚的品德才能感动苍天,无论多远,没有它到不了的地方。自满会招来损害,谦虚会得到益处,这是自然的道理。

喜欢提出问题向别人请教,知识就会丰富;主观武断自以为是,不虚心向别人求教,就办不成大事。

(3) 是以圣人处无为之事,行不言之教,万物作①焉而不为始②,生而不有③,为而不恃,功成而弗居,夫唯弗居,是以不去。

(《道德经》)

江海所以能为百谷④王者,以其善下之,故能为百谷王。是以圣人欲上民,必以言⑤下之。欲先民,必以身后之。是以圣人处上而民不重,处前而民不害。是以天下乐推⑥而不厌,以其不争,故天下莫能与之争。

(《道德经》)

【注释】①作:兴起。 ②始:谋划。 ③有:据为己有。 ④谷:水流。 ⑤言:语气助词,无实义。 ⑥推:推崇。

【译文】

因此,圣人须以无为的态度去处理事物;要用不言之教去引导人们。(任凭)万物的生长变化,他不去强力主宰;生育了万物,也不据为己有;有所作为,却不因之而自恃。功成了而不自居。正因为不居功,所以他的功劳不会丧失。

江海能够让所有小河、溪流归附,成为它们君主的原因,就在于善于将自己处在它们的下面,所以就能成为水族领袖。所以英明的君主想要成为人民的领袖,一定要注意保持谦下(即做人民的公仆),想要成为人民的表率,就必须把自己的利益得失放在人民后面。只有这样的领导处于上位,人民不会觉得压抑,不会当作是沉重的负担;他们在前面领导,人民不会担心自己的前途、利益受到损害。这样的统治者才会赢得人民全心全意的拥戴。不正是因为他不与别人争,所以天下没有人能够和他争。

(4) 敖①不可长,欲不可从②,志不可满,乐不可极③。贤者狎④而敬之,畏而爱之。爱而知其恶,憎而知其善。积而能散,安安而能迁迁⑤。临财毋苟得⑥，临难毋苟免。很⑦毋求胜，分毋求多。疑事毋质⑧，直⑨而勿有。

(《礼记正义·曲礼》)

【注释】①敖：通"傲"，傲慢。 ②从：通"纵"，放纵。 ③极：达到极点。 ④狎：亲近。 ⑤安安而能迁迁：安安，满足于平安的境遇；迁，改变；能适应平安稳定，又能适应变化不定。 ⑥临财毋苟得：临，遇上，面对；遇到财物不要随便获得。 ⑦很：争论，争执。 ⑧质：判定，证明。 ⑨直：明白。

【译文】

傲慢不可滋长，欲望不可放纵，志向不可自满，享乐不可达到极点。对于贤能的人要亲近并敬重，要敬畏并爱戴。对于所爱的人要了解他的恶德，对于憎恨的人要看到他的优点。能积聚财富，但又能分派济贫；能适应平安稳定，又能适应变化不定。遇到财物不要随便获得，遇到危难不应苟且逃避。争执不要求胜，分派不要求多。疑虑的事不要下断语，已明白的事不要自夸知道。

(5) 子曰："聪明睿智，守①之以愚；功被②天下，守之以让；勇力振世③，守之以怯④；富有四海，守之以谦。此所谓损⑤之又损之之道也。"

(《孔子家语·三恕》)

【注释】①守：遵守，奉行。 ②被：被覆，遮盖。 ③振世：震动天下。 ④怯：战战兢兢，小心谨慎。 ⑤损：损抑，谦退。

【译文】

孔子说："聪明睿智的人，能够自安于愚；功盖天下的人，能够谦让自持；勇力足以震撼天下的人，奉行的是战战兢兢、小心谨慎处世之道；拥有四海的财富，遵循谦逊自守的道理。这就是所说的损抑再加损抑的方法啊！"

(6) 天不言而人推①高焉，地不言而人推厚焉，四时不言而百姓期②焉。夫此有常，以至其诚者也。

《荀子·不苟》

【注释】①推：推崇。 ②期：期勖，寄希望。

十一、让

【译文】

上天不说话，而人们都推崇它高远；大地不说话，而人们都推崇它深厚；四季不说话而百姓都可以期勖春夏秋冬的变换。这些都是有了常规因而达到真诚的。

(7) 高祖曰："夫运筹策①帷帐之中②，决胜于千里之外，吾不如子房；镇国家，抚百姓，给馈饷，不绝粮道，吾不如萧何；连百万之军，战必胜，攻必取，吾不如韩信。此三者，皆人杰也。吾能用之，此吾所以取天下也。"

(司马迁《史记·高祖本纪》)

【注释】①筹策：谋求，计谋。 ②帷帐：军帐，幕府。

【译文】

汉高祖刘邦说："运筹帷幄之中，决胜于千里之外，我比不上张子房；镇守国家，安抚百姓，供给粮饷，保证运粮道路不被阻断，我比不上萧何；统率百万大军，战则必胜，攻则必取，我比不上韩信。这三个人都是人中的俊杰，我却能够使用他们，这就是我能够取得天下的原因。"

(8) 不傲才以骄人，不以宠而作威。

(诸葛亮《将诫》)

【译文】

不倚仗自己的才华而在别人面前表现出骄傲的神情；不能因为自己受宠就到部下那里作威作福。

(9) 自高无卑①，无卑则危；自大无众②，无众则孤。

(李梦阳《空同子·论学下》)

【注释】①卑：低下，此指根基。 ②众：多数的人。

【译文】

自高自大的人没有根基支撑，没有根基支撑就一定很危险；自高自大的人没有众人（的支持），没有众人的支持就一定很孤立。

53

(10)《泰誓》①曰："若有一个臣，断断②兮，无他技，其心休休③焉。其如有容④焉。人之有技，若己有之。人之彦圣⑤，其心好之。不啻⑥若自其口出。实能容之。以能⑦保我子孙黎民，尚亦有利哉。人之有技，媢⑧疾以恶之。人之彦圣，而违⑨之俾不通，实不能容，以不能保我子孙黎民，亦曰殆哉。"

（《大学·十一》）

【注释】①《泰誓》：即《尚书·周书·泰誓》。②断断：真诚不二的样子。③休休：一心向善的样子。④有容：能够容人。⑤彦圣：彦，美；圣，通"明"；指德才兼美的人。⑥啻：音 chì，仅仅，只。⑦以能：因此。⑧媢：音 mào，忌妒。⑨违：阻抑。

【译文】

《泰誓》说："但愿能有这样一个大臣，他忠诚老实，没有别的技能，但是心地很好，能够容让别人。别人有技能，如同自己有技能。别人德才兼美，他诚心欢喜。不只是在口头表示，实际上也能容让。这样，一定能够保护我的子孙百姓，对我是多么有利啊！如果别人有技能，就忌妒、厌恶，别人德才兼美，就设法压制，使他不被重用，这实在是不能容人。这样就不能保护我的子孙百姓，也实在太危险了。"

思考与练习

1. 刘禹锡说："桃红李白皆夸好，须得垂杨相发挥。"这与谦让有什么关系吗？

2. 老子讲"道法自然"，我们追求谦让的品性也要"法自然"吗？

3. 在竞争激烈的现代社会，谦让精神有哪些意义呢？

国学活动建议

中国象棋入门二（中国象棋开局二十三型）

十二、智

学习提示

什么是"智",什么是"愚",这个问题的讨论在我国已经延续了几千年。所以学学古代先贤关于智慧的论断,对于今天的我们一定会有许多启发。只会无休无止地填充知识而不懂得思考,或者仅仅凭学历高低妄断一个人的气质与素养,抑或学了不少的科学知识而不注重道德的修养,都将在学了本课选文后而中止。果真如此,善莫大焉。

正文

(1) 大白若辱①,大方无隅②,大器晚成,大音希声,大象无形。

(《道德经》)

大直若屈③,大巧若拙,大辩若讷④。

(《道德经》)

知人者智,自知者明⑤。

(《道德经》)

大勇若怯,大智若愚。

(苏轼《贺欧阳少师致仕启》)

【注释】①辱:黑垢。 ②隅:角。 ③屈:曲。 ④讷:拙嘴笨舌。 ⑤明:明智,明慧。

【译文】

最洁白的东西好像含有污垢,最方正的(形象)反而没有棱角,最贵重的器物总是最迟做成,最大的乐音听起来好像没有声音,最宏大的气势景象反而看不见形体(似乎没有一定之形)。

最正直的东西,好像有点弯曲一样;最灵巧的东西,好像有点笨拙似的;最卓越的辩才,好像不善言辞一样。

了解他人的人，只能算是聪明；能够了解自己的人，才算是真正的有智慧。

最勇敢的人看外表好像有点胆怯似的，最聪明的人看外表好像有点愚笨似的（是因为有德，不去计较而已）。

(2) 知者不惑，仁者不忧，勇者不惧。

（《论语·子罕》）

知之为知之，不知为不知，是知也。

（《论语·为政》）

子曰："不曰'如之何①，如之何者'，吾末如之何也已矣！"

子曰："人无远虑，必有近忧。"

（《论语·卫灵公》）

（樊迟）问知②。子曰："知人。"樊迟未达。子曰："举直错诸枉，能使枉者直③。"樊迟退，见子夏，曰："乡也，吾见于夫子而问知。子曰：'举直错诸枉，能使枉者直。'何谓也？"子夏曰："富哉言乎④！舜有天下，选于众，举皋陶⑤，不仁者远矣；汤有天下，选于众，举伊尹⑥，不仁者远矣。"

（《论语·颜渊》）

【注释】①如之何：怎么办（这里指遇事不愿多思考）。　②知：通"智"。　③举直错诸枉，能使枉者直：选拔正直的人安置到邪恶的人之上，能够使邪恶的人变为正直的人。④富哉言乎：这句话的含义多么深广啊。　⑤皋陶：又写作"咎繇"，夏禹的贤臣。　⑥伊尹：商初大臣，尹是官名，伊是名字。

【译文】

孔子说："聪明的人没有疑惑，有仁德的人没有忧虑，勇敢的人没有畏惧。"

知道就是知道，不知道就是不知道，这就是聪明智慧。

孔子说："（一个人处世）不常想想'怎么办、怎么办'，对这种人，我不知道该怎么办了。"

孔子说："人如果没有长远的考虑，一定会有近在眼前的忧患。"

十二、智

（樊迟）问什么是智。孔子说："了解人。"樊迟没明白。孔子说："选拔正直的人安置到邪恶的人之上，能够使邪恶的人变为正直的人。"樊迟退下来，去见子夏说："方才我拜见老师问他什么是智，老师说：'选拔正直的人安置到邪恶的人之上，能够使邪恶的人变为正直的人。'这是什么意思啊？"子夏说："这句话的含义多么深广啊！舜做了天子，从众人中选拔人才，任用了皋陶，不讲究仁德的人就疏远了。汤做了天子，从众人中选拔人才，任用了伊尹，不讲究仁德的人就疏远了。"

（3）言而当，知也；默而当，亦知也。故知默犹知言也，故多言而类①，圣人也；少言而法②，君子也；多少无法而流湎然③，虽辩，小人也。

《荀子·非十二子》

是④是⑤非⑥非⑦谓之智，非是是非谓之愚。

《荀子·修身》

【注释】①类：善，指礼义。 ②法：符合法度的意思。 ③多少无法而流湎然：多少，据《荀子大略》疑为"多言"；流湎，流于，沉溺于；话说得多却不符合法度，反而沉醉其间。 ④是：动词，赞同，认为正确；肯定；以……为是。 ⑤是：对的，正确的。 ⑥非：动词，责怪，非难，反对，以……为非。 ⑦非：不对，错误。

【译文】

说话很恰当，是智慧的表现；沉默得恰当，也是智慧的表现。所以懂得怎样沉默与懂得怎样说话是一样的。所以话说得很多而且都符合礼义的是圣人，话说得少而符合法度的是君子。话说多说少都不符合法度，反而沉醉其间，虽然说得头头是道，也还是小人。

以是为是，以非为非，叫做明智；以是为非，以非为是，叫做愚蠢。

（4）世之愚拙者妄援①，圣人之愚拙自解，殊不知圣人时愚时明，时巧时拙。

（《关尹子·三极篇》）

【注释】①援：拯救，相救，帮助。

【译文】

世上愚蠢笨拙的人都是妄想别人帮助，圣人有愚蠢笨拙的问题则自己解决。殊不知圣人有时愚昧有时明白，有时笨拙有时巧妙。

(5) 臣患智之如目①也，能见百步之外，而不能自见其睫。

(《韩非子·喻老》)

【注释】①臣患智之如目：患，担心；我担心智慧就像眼睛一样。

【译文】

我担心智慧就像眼睛一样，可以看见百步以外的事物，却不能看见它（自己）的睫毛。

(6) 愚者暗①于成事②，智者见于未萌。

(《商君书·更法一》)

【注释】①暗：不明了。 ②成事：已成功的事情。

【译文】

愚笨的人对于已成功的事情也不知是怎么成功的，聪明的人在事情还没有发生时就能观察出（预见到）苗头来。

(7) 智不自智①，而后人莫与争智。辞其名，受其实②，天下之大智哉！

(《郁离子·大智》)

【注释】①自智：自己不认为有智慧。 ②受其实：接受它的实际内容。

【译文】

有智慧而不自恃，那么后人无法同你斗智慧的。辞去智慧的名，拥有实实在在的智慧，这才是天下的大智慧啊。

思考与练习

1. 背诵选文(1)，想想为什么说"大智若愚"。
2. 联系自己的日常行为，检讨自己是否有过"大愚若智"的举止。

3. 学了本课选文，你认为谦虚与智慧有什么关联吗？

国学常识链接

中国传统年节习俗　中国的祭祀文化

十三、慎独

学习提示

一个人独处的时候，往往可以随心所欲。但也正是这"随心所欲"考验着每一个人的品德修养。毕竟此时没有他人的监管督促，只有自己内心的省察与约束。若是心被诱惑想不当想，抑或身被诱惑做不当做，久而久之，进入社会也难以自控，进而伤风败俗亦所难免。故而，慎独乃古代先贤对后来者的告诫，也是个性张扬的今天的我们，必须继承并发扬光大的中华民族优良传统。

正文

（1）道①也者，不可须臾离也。可离非道也。是故君子戒慎乎其所不睹，恐惧乎其所不闻。莫见乎隐②，莫显乎微③。故君子慎其独也。

（《中庸·右第一章》）

【注释】①道：指人们必须遵循的原则，就是按照天命决定的人性去行动。 ②莫见乎隐：莫，没有；见，通"现"，体现；乎，同"于"，表示比较；隐，暗处。 ③莫显乎微：显，显著；微，小事。

【译文】

"道"是不可片刻离开的。（如果）能片刻离开，就不是"道"了。因此，君子在不被看见的地方也是谨慎敬戒的；在不被听见的时候也是恐慌、畏惧的。没有比幽暗之中更为显著的，没有比细微之处更为明显的。因此君子在独处时要谨慎啊。

（2）所谓诚其意①者，毋②自欺也。如恶恶臭③，如好④好色⑤，此之谓自谦⑥，故君子必慎其独也！小人闲居⑦为不善，无所不至，见君子而后厌然⑧，揜⑨其不善，而著其善。人之视己⑩，如见其肺肝然，则何益矣。此谓诚于中⑪，形于外，故君子必慎其独也。曾子曰："十目所视，十手所指，其严乎？"富润屋，德润身，心广体胖，故君子必诚其意。

（《大学·右传之六章》）

【注释】①诚其意：意，意念，意志；使意念真诚。 ②毋：不要。 ③恶恶臭：臭，音 xiù，气味的总称；讨厌污秽的气味。 ④好：音 hào。 ⑤色：女性，女子。 ⑥谦：通"慊"，心安理得的样子。 ⑦闲居：此指独处。 ⑧厌然：厌，音 yā。躲躲闪闪的神态。 ⑨揜：音 yǎn，掩藏，掩饰。 ⑩人之视己：别人看你自己。 ⑪诚于中：心中诚实。

【译文】

所谓使意念真诚，就是自己不要欺骗自己，就像厌恶污秽的气味，就像喜好美丽的女人。这就叫做自己求得心安理得，所以君子在独处时，一定要谨慎。小人闲居独处时，做不好的事，甚至什么坏事都敢做，见到君子以后躲躲闪闪，企图掩盖他做的不善的事，装作他似乎在做善的事。别人看你，好像能见到你的心肝五脏。这样做，有什么好处呢？这就叫心中诚实，一定会表现到外表。所以君子在独处时，一定要谨慎。曾子说："一个人常常被十目注视着，被十手指点着。这难道不是很严厉可怕吗？"富能装饰房屋，德能修养品性。胸襟宽广，体貌必能安详。所以君子一定要使自己的意念真诚。

（3）礼之以少为贵者，以其内心者也。德产之致①也精微，观天下之物，无可以称②其德者，如此则得③不以少为贵乎、是故君子慎其独也。

（《礼记·礼器》）

【注释】①致：周密。 ②称：符合，相当。 ③得：能够。

【译文】

礼之所以有以少为贵者，原因就在于它是存心表示内在之德的。内在之德所产生的周密一定是非常精细微妙的，遍观天下所有的东西，没有一件在道德上可以与它匹配的，这样的话，能不以少为贵吗？所以君子就格外注意无人独处时内心的修养。

(4) 慎独者，慎其闲居之所为。小人于隐者动作言语自以为不见睹，不见闻，则必肆①尽其情也。若有占②听者，是为显见，甚于众人之中为之。

（郑玄《十三经注疏·礼记·中庸》）

【注释】①肆：放纵。　②占：窥察。

【译文】

谨慎独处，是指谨慎自己日常单独居处时的所作所为。小人在隐蔽的地方做事说话自认为不会被人看到，不会被人听到，那么一定放纵他全部的情感。假如被人窥探听到，这就成了显而易见的，甚至比在大庭广众之中做这些事更为显而易见。

(5) 细思古人工夫①，其效之尤著者，约有四端：曰慎独则心泰，曰主敬②则身强，曰求仁则人悦，曰思诚则神钦。慎独者，遏欲不忽③隐微，循理不间须臾，内省不疚，故心泰。主敬者，外而整齐严肃，内而专静纯一，斋庄④不懈，故身强。求仁者，体⑤则存心养性，用则民胞物与⑥，大公无我，故人悦。思诚者，心则忠贞不贰，言则笃实不欺，至诚相感，故神钦。四者之工夫果至，则四者之效验自臻⑦。余老矣，亦尚思少致吾功，以求万一之效耳。

尝谓独也者，君子与小人共焉者也。小人以其为独而生一念之妄，积妄生肆，而欺人之事成。君子懔⑧其为独而生一念之诚，积诚为慎，而自慊⑨之功密。其间离合几微之端，可得而论矣。

盖《大学》自格致⑩以后，前言往行，既资其扩充；日用细故，亦深其阅历。心之际⑪乎事者，已能剖析乎公私；心之丽⑫乎理者，又足精研其得失。则夫善之当为，不善之宜去，早画然其灼见矣。而彼小人者，乃不能实有所见，而行其所知。于是一善当前，幸人之莫我察也，则趋焉而不决；一不善当前，幸人之莫或伺也，则去之而不力。幽独之中，情伪斯出，所谓欺也。惟夫君子者，惧一善之不力，则冥冥者有堕行；一不善之不去，则涓涓者无已时。屋漏而懔如帝天，方寸而坚如金石。独知之地，慎之又慎。此圣经之要领，而后贤之所切究者也。

（曾国藩《君子慎独论》）

【注释】①工夫：时间，做事所费的人力，这里特指在修身上所下的时间、所费的人力。　②曰主敬：曰，句首语气助词；主敬，以恭敬为主。　③忽：不重视，忽略。　④斋庄：严肃庄敬。　⑤体：设身处地为人着想。　⑥民胞物与：视人民如同胞，视万物如同类。　⑦臻：到，到达。　⑧懔：音lǐn，畏惧，恐惧。　⑨慊：不满，不足。　⑩格致：考察事物的原理法则而总结为理性知识。　⑪际：适逢，恰遇。　⑫丽：通"罹"，遭遇。

【译文】

仔细思考古人在修身上所费的时间与精力，成效特别显著的大概有四个方面：慎重独处，就会心胸泰然；庄严恭敬为主，就会身体强健；追求仁义，人们就会心悦诚服；思想真诚，则神灵也会钦敬他。慎重独处，就是遏制自己的贪欲，连最隐蔽最微小的地方也不放过，行事遵循自然之理，一刻也不间断，内心时时自省而不感到愧疚，所以心胸安泰。庄严恭敬为主，外表就会整齐严肃，内心就能诚笃宁静纯洁如一，严肃庄敬而不懈怠，所以身体强健。追求仁义，体察就会心存仁义滋养天性，运用就能视人民如同胞，视万物如同类。大公无私，所以人民心悦诚服。思想真诚，内心就会忠贞不贰，说话就会忠厚老实不欺骗人，用至诚之德来感应天地万物，因此受到神灵的钦敬。如果在这四个方面果真做到以上所述，那么这四个方面的成效一定会到来。我老了，也还想在修身上稍稍下点工夫，来谋求这万分之一的功效。

曾经认为那"独"，是君子和小人共同享有的。小人因为"独"是独自一人，所以他会产生一种非分的想法，非分之想积聚到一定程度就会肆意妄为，从而做出一些欺骗他人的坏事。君子（因为）担忧自己单独一人，于是就产生一种真诚的想法。真诚想法积聚多了就会处事谨慎，从而在提升自己不满意的道德修为上下足了工夫。虽然君子和小人都是独处，两者之间细微差异的迹象，却可由此寻得并加以评判。

自从《大学》穷究事物的原理并获得知识之后，过去的言论行为都可用作个人开阔眼界充实知识的资料，日常处理的琐事问题，更可深化个人的阅历见识。（君子这样做了）他的心在遇到实事时，对公私的区别已经能够剖析；他的心在联系道理时，又足以精辟地研判那得与失。那善事应当去做，不善的毛病应当祛除，这些明白透彻的见解早已经形象鲜明地刻画在心。而那些小人们，却不能实实在在地有所见闻，实行他知道的一切。一件善事摆在面前，希望没有考察我的人，于是办的时候犹豫不决；一个不好的毛病摆在面前，希望没有人探察他，于是改正得很不得力。幽隐独处时，虚假的情感自然从这里产生，这就是所说的欺骗啊！而君子唯恐办一件善事不能竭尽全力，在冥冥之中产生懈怠的行为；一个坏毛病不能（及时）祛除，那么它就像涓涓细流那样长年不停地出现。房子漏雨感到害怕要如同面对天帝，心神坚定要如同金属磐石。在自己单独主持工作的地方行事，一定要谨慎又谨慎。这就是儒家经书的要点，也是后世贤人一定要深切研究的道理呀。

思考与练习

1. 概括本课的经典描述，说说为什么要"慎独"。
2. 要怎样做，才能达到"慎独"的境界呢？
3. 曾国藩是如何区别君子与小人的？

国学活动建议

讲"天知、地知、我知、子知"的故事　背二十四节气歌　学汉字六书（以象形、指事、会意、形声为主）

十四、形容（象）

学习提示

一个人的容貌是爹妈给的，但一个人的形象却是通过自己后天的一言一行所表现出来的，体现的是他或她内在的气质。以优雅的形象融入社会，不仅仅要讲究穿着打扮，更重要的要有足够的修养。它不但表达出你对他人的尊重，也能因此带给自己足够的正能量。

正文

（1）子曰："君子不失足①于人，不失色②于人，不失口③于人。是故君子貌足畏也，色足惮也，言足信也。"

（《礼记·表记》）

【注释】①失足：举止不庄重。　②失色：容貌不庄重。　③失口：言语不庄重。

【译文】

孔子说："君子在他人面前，举止要不失体统，仪表要保持庄重，言语要小心谨慎。所以，君子的外貌足以使人敬畏，仪表足以使人感到威严，言语足以使人信服。"

（2）子曰："质胜文则野①，文胜质则史②。文质彬彬③，然后君子。"

（《论语·雍也》）

【注释】①野：粗野。　②史：这里是虚浮无诚意的意思。　③彬彬：这里指文与质的关系处理得恰到好处。

【译文】

孔子说："质朴超过文采，就有点粗野；文采超过质朴，就有点虚浮。只有文和质比例匀称，才是个君子。"

(3) 曾子有疾，孟敬子问①之。曾子言曰："鸟之将死，其鸣也哀；人之将死，其言也善。君子所贵乎道者三：动容貌②，斯远暴慢③矣；正颜色，斯近信④矣；出辞气，斯远鄙倍⑤矣。笾豆之事⑥，则有司⑦存。"

（《论语·泰伯》）

【注释】①问：问候。　②动容貌：使自己容貌从容，恭敬，合于礼。　③暴慢：粗暴无礼，怠慢放肆。　④信：诚实。　⑤倍：同"背"。　⑥笾豆之事：笾，音 biān，竹制器皿；豆，木制器皿；都是古代祭祀时盛祭器的用具。笾豆之事，指祭祀或礼仪一类事。　⑦有司：这里指主管祭祀或礼仪一类事的官僚。

【译文】

曾子病重，孟敬子去看望他。曾子对他说道："鸟快要死的时候，鸣叫的声音是悲哀的；人快要死的时候，说的话是和善的。君子所重视的道理有三个方面：让自己的容貌从容、恭敬，这样就会远离粗暴和放肆；让自己的脸色端庄起来，这就近于诚实守信；说话时注意用辞委婉、语气温和，这就可以避免粗鄙和背理了。至于祭礼和礼仪一类事情，自有主管这方面事情的官吏在那里管理。"

(4) 冠必正，纽①必结。袜与履，俱紧切②。置冠服，有定位，勿乱顿，致污秽。衣贵洁，不贵华，上循③分，下称④家。……步从容，立端正，揖深圆，拜恭敬。……勿践阈⑤，勿跛倚，勿箕踞⑥，勿摇髀⑦。

（《弟子规》）

【注释】①纽：纽带，系结用的带子，作用如同现代人的纽扣。　②紧切：穿好鞋，结紧系带。　③循：遵循，符合。　④称：相称，相配。　⑤阈：音 yù，门槛。　⑥箕踞：箕，音 jī，两腿岔开的坐姿，形似簸箕。　⑦髀：音 bì，大腿。

【译文】

帽子应当戴端正，衣扣必须扣好。袜子要穿平整，鞋带注意系紧；脱下衣帽鞋袜，存放位置固定；不可乱丢乱放，以免弄脏弄乱。穿衣讲究整洁，不必追求华贵；衣着要符合身份，还要考虑家境。……走路迈步从容，直立姿态端正；作揖弯腰要到位，跪拜认真恭敬。……不要踩踏门槛，站立不能歪斜；坐时两腿不岔开，更不能晃大腿。

(5) 君子整其衣冠，尊其瞻视①，何必蓬头垢面②，然后为贤？

(《魏书·封轨传》)

远而望之，皎③若太阳升朝霞；迫④而察之，灼若芙蕖⑤出渌波。襛纤得衷⑥，修⑦短合度。

(曹植《洛神赋》)

曲眉丰⑧颊，清声而便⑨体，秀外而慧⑩中。

(韩愈《送李愿归盘谷序》)

【注释】①瞻视：观瞻有关的容貌外表。　②蓬头垢面：头发蓬乱，满脸污垢，不事修饰。　③皎：洁白。　④迫：走近。　⑤芙蕖：荷花。　⑥襛纤得衷：襛，音 nóng；肥瘦适中。　⑦修：长，此指高。　⑧丰：丰满。　⑨便：轻便。　⑩慧：聪明，有才智。

【译文】

君子要使自己穿戴整洁，重视容貌仪表，哪里要不修边幅蓬首垢面，才显得有才华。

远远地看去，皎洁如太阳初升辉映着朝霞；走近点细观，鲜亮得如荷花亭亭玉立于清澈的水波中，穿戴肥瘦适中，身材不高不矮。

弯弯的眉毛，丰满的脸颊；清脆的声音，轻便的体形；清秀的外貌，聪慧的内涵。

(6) 子曰："禹，吾无间然①矣！菲②饮食而致孝乎鬼神，恶衣服而致美乎黻冕③，卑宫室而尽力乎沟洫④。禹，吾无间然矣！"

(《论语·泰伯》)

【注释】①间然：找空子，这里指批评的意思。　②菲：薄。　③黻冕：黻，音 fǔ，祭祀时穿的衣服；冕，这里指祭祀时戴的帽子。　④沟洫：即沟渠，这里指农田水利。

【译文】

孔子说："对于禹，我没有什么可说的了。他的饮食很菲薄，而祭祀鬼神的祭器却很丰盛；他平日衣着简朴，而祭祀时穿着却很华美；他住的宫室很简陋，而却尽全力兴办农田水利。对于禹，我是没有什么可说的了。"

（7）存①乎人者，莫良乎眸子，眸子不能掩其恶。胸中正，则眸子瞭②焉；胸中不正，则眸子眊③焉。听其言，观其眸子，人焉廋④哉。

（《孟子·离娄上》）

【注释】①存：考察。 ②瞭：音 liǎo，光明，明亮。 ③眊：音 mào，蒙眬，目不明貌。 ④廋：音 sōu，隐匿，躲藏。

【译文】

考察一个人，最好莫过于考察他的眼睛。因为眼睛掩盖不了他的丑恶。心地光明正大，眼睛就会明亮；心地不光明正大，眼睛就会灰暗无神。听他讲话的时候，要考察他的眼睛，人的美与丑怎么能够隐匿起来呢？

思考与练习

1. 从本课内容来看，一个人的形象是静止不变的吗？
2. 学习了本篇课文，你认为君子要有怎样的形象？
3. 背诵（2）（4）两段选文。

国学常识链接

中国戏曲介绍（京剧、越剧、昆曲等）

十五、兼爱

学习提示

兼爱就是博爱。假如你是一个三天两头被父母打得遍体鳞伤的孩子，假如你是一位白发苍苍、在风烛残年中寂寞孤单得不到子女关爱的老人，假如你在人生某个阶段失去了人间所有的爱：跟朋友相处得不到友爱、跟配偶相处得不到情爱、跟父母相处得不到慈爱、跟兄弟相处得不到关爱，那么你有何感受？有何期望？又将如何面对呢？2000多年前，墨子提倡的兼爱是一种无差别的爱，它不分亲疏厚薄，不分贵贱贫富，不分人我彼此，爱人要远施周边，尊卑长幼之间要互相爱护。这是一种不同于仁爱的由外而内的爱，虽然难以实行，却为人们提出了一种纯粹的博爱的理想。这种理想就像天际的光照，虽不可触及，却让人明亮。

正文

（1）当察乱何自起①，起不相爱②。臣子之不孝君父，所谓乱也。子自爱，不爱父，故亏③父而自利；弟自爱，不爱兄，故亏兄而自利；臣自爱，不爱君，故亏君而自利，此所谓乱也。虽父之不慈子，兄之不慈弟，君之不慈臣，此亦天下之所谓乱也。父自爱也，不爱子，故亏子而自利；兄自爱也，不爱弟，故亏弟而自利；君自爱也，不爱臣，故亏臣而自利。是何也，皆起不相爱。

（《墨子·兼爱上》）

【注释】①当察乱何自起：当，借作"尝"，尝试；察，考察；乱，纷乱；试察纷乱是从哪里产生的。　②起不相爱：出自于人与人不相爱。　③亏：使动用法，使……亏损。

【译文】

试察纷乱是从哪里产生的？是出自于人与人不相爱。做臣子和儿子的不孝敬国君和父亲，就是所谓的纷乱。儿子爱自己不爱父亲，所以损害父亲而自利；弟弟爱自己不爱兄长，所以损害兄长而自利；臣子爱自己不爱国君，所以损害国君而自利，这就是所谓的纷乱。反过来，即使是父亲如不爱儿子，是兄长如不爱弟弟，是国君如不爱臣子，这也是天下所谓的纷乱。父亲爱自己而不爱儿子，所以损害儿子以自利；兄长爱自己而不爱弟弟，所以损害弟弟以自利，国君爱自己而不爱臣子，所以损害臣子以自利。这是什么原因呢？都是出于不相爱。

(2) 虽自天下之为盗贼者亦然：盗爱其室①，不爱异室，故窃异室以利其室。贼爱其身，不爱人身，故贼人身以利其身。此何也？皆起不相爱。虽至大夫之相乱家②，诸侯之相攻国者亦然：大夫各爱其家，不爱异家，故乱异家以利其家。诸侯各爱其国，不爱异国，故攻异国以利其国。天下之乱物，具此而已矣。察此何自起，皆起不相爱。

（《墨子·兼爱上》）

【注释】①室：家。　②家：大夫统治的政治区域，这里指家族。

【译文】

即使从天下做窃贼和强盗的人来讲也是这样。窃贼爱自己的家不爱别人的家，所以偷窃别人的家以利自己的家；强盗只爱自身不爱他人之身，所以伤害别人之身以利自身。这是什么原因呢？都是出于相爱。即使到了大夫相互侵扰家族，诸侯相互攻伐封国，也是这样的。大夫各自爱自己的家族，不爱别人的家族，所以侵扰别人的家族以利自己的家族；诸侯各自爱自己的国家，不爱别人的国家，所以攻伐别人的国家以利自己的国家。天下纷乱的种种情况，大致全都列出了。考察它们从哪里产生的呢？都是出自于不相爱。

(3) 若使天下兼相爱，爱人若爱其身，犹有不孝者乎？视父兄与君若其身，恶施不孝？犹有不慈者乎？视弟子①与臣若其身，恶施不慈？故不孝不慈亡②有。犹有盗贼乎？故视人之室若其室，谁窃？视人身若其身，谁贼？故盗贼亡有，犹有大夫之相乱家，诸侯之相攻国者乎？视人家若其家，谁乱③？视人国若其国，谁攻？故大夫之相乱家，诸侯之相攻国者亡有。若使天下兼相爱，国与国不相攻，家与家不相乱，盗贼无有，君臣父子皆能孝慈，若此，则天下治。

故圣人以治天下为事者，恶得不禁恶而劝爱。故天下兼相爱则治，交相恶则乱。故子墨子曰："不可以不劝爱人者，此也。"

（《墨子·兼爱上》）

【注释】①弟子：弟弟与儿子。 ②亡：通"无"。 ③乱：扰乱。

【译文】

假若使天下人都能相亲相爱，爱别人就像爱自己，还会有不孝的人吗？看待父亲、兄长与国君就像看待自己一样，怎么会做出不孝的事呢？还会有不慈爱的人吗？看待弟弟、儿子与臣子就像看待自己一样，怎么会做出不慈爱的事呢？所以不孝不慈的事没有了，还会有窃贼和强盗吗？所以看待别人的家就像看待自己的家，谁会偷窃？看待别人之身就像看待自己之身，谁会伤害别人？所以窃贼和强盗没有了，还会有大夫互相侵扰家族、诸侯互相攻伐封国吗？看待别人的家族就像看待自己家族，谁还会侵扰？看待别人的封国就像看待自己的封国，谁还会攻伐？因此大夫相互侵扰家族、诸侯相互攻伐封国的事没有了。假若使天下的人都相亲相爱，封国与封国不相互攻伐，家族与家族不相互侵扰，窃贼和强盗没有了，君臣父子都能孝敬慈爱，像这样，那么天下就治理好了。

所以，圣人既然是以治理天下为事业的人，怎么能不制止相互憎恶而劝导相互关爱呢？因为天下的人相亲相爱就能太平安乐，相互憎恶（即以憎恶相交）就会产生纷乱。所以墨子说："不能不劝导爱别人，原因就在这里。"

（4）子墨子言曰："仁人之所以为事者，必兴天下之利，除去天下之害，以此为事者也。"然则天下之利何也？天下之害何也？子墨子言曰："今若国之与国之相攻，家之与家之相篡①，人之与人之相贼，君臣不惠忠，父子不慈孝，兄弟不和调，此则天下之害也。"然则察此害亦何用②生哉？以不相爱生邪？子墨子言："以不相爱生。今诸侯独知爱其国，不爱人之国，是以不惮举其国以攻人之国。今家主独知爱其家，而不爱人之家，是以不惮举其家以篡人之家。今人独知爱其身,不爱人之身,是以不惮举其身以贼人之身。是故诸侯不相爱则必野战,家主不相爱则必相篡,人与人不相爱则必相贼,君臣不相爱则不惠忠,父子不相爱则不慈孝,兄弟不相爱则不和调。天下之人皆不相爱,强必执弱,众必劫寡,富必侮贫,贵必敖贱,诈必欺愚。凡③天下之祸篡怨恨,其所以起者,以不相爱生也,是以仁者非之。"

(《墨子·兼爱中》)

【注释】①篡:非法地夺取。 ②何用:用,因,因为;因为什么。 ③凡:一切,所有。

【译文】

墨子说:"仁人处理一切事务的目的,必定是为天下兴利除害,并以此作为自己的事业。"既然这样,那么什么是天下的利?什么又是天下的害呢?墨子说:"像现今的状况,国与国相互攻伐,家族与家族相互掠夺,人与人相互残害,君臣无恩惠忠心,父子无慈爱孝敬,兄弟不和睦融洽,这些就是天下的害啊。"那么,这些公害又是因何产生的呢?是因不相爱产生的吗?墨子说:"是因不相爱产生的。现在的诸侯只知道爱自己的国家,不爱别人的国家,所以毫无忌惮地发动他自己国家的力量,去攻伐别人的国家。现在的公卿大夫只知道爱自己的家族,而不爱别人的家族,因而毫无忌惮地发动他自己家族的力量去掠夺别人的家族。现在的人只知道爱自己,而不爱别人,因而毫无忌惮地运用自身的力量去残害别人。所以诸侯不相爱,就必然发生野战;公卿不相爱,就必然相互掠夺;人与人不相爱,就必然相互残害;君与臣不相爱,就必然无恩惠忠心;父与子不相爱,就必然无慈爱、孝敬;兄弟不相爱,就必然不融洽、和睦。天下的人都不相爱,强大的就必然控制弱小的,人多的就必然会抢夺人少的,富足的就必然欺侮贫困的,尊贵的就必然傲视卑贱的,狡猾的就必然欺骗愚笨的。举凡天下祸患、掠夺、埋怨、愤恨产生的原因,都是因不相爱而产生的。所以仁者认为它不对。"

(5)既以非之,何以易之?子墨子言曰:"以兼相爱、交相利之法易①之。"然则兼相爱、交相利之法将奈何哉?子墨子言:"视人之国若视其国,视人之家若视其家，视人之身若视其身。是故诸侯相爱则不野战，家主相爱则不相篡，人与人相爱则不相贼，君臣相爱则惠忠，父子相爱则慈孝，兄弟相爱则和调。天下之人皆相爱，强不执弱，众不劫②寡，富不侮贫，贵不敖贱，诈不欺愚。凡天下祸篡怨恨可使毋起者，以相爱生也，是以仁者誉之。"

（《墨子·兼爱中》）

【注释】①易：交换，改变。 ②劫：威逼，挟制。

【译文】

既已认为不相爱不对，那用什么去改变它呢？墨子说道："用人们全都相爱、交互得利的方法去改变它。"那么，人们全都相爱、交互得利应该怎样做呢？墨子说："看待别人国家就像看待自己的国家，看待别人的家族就像看待自己的家族，看待别人之身就像看待自己之身。因此，诸侯之间相爱，就不会发生野战；公卿大夫之间相爱，就不会发生掠夺；人与人相爱就不会相互残害；君臣相爱，就会相互施惠、效忠；父子之间相爱，就会相互慈爱、孝敬；兄弟相爱，就会融洽、和睦。天下的人都相爱，强大者就不会控制弱小者，人多者就不会强迫人少者，富贵者就不会欺侮贫困者，尊贵者就不会傲视卑贱者，狡诈者就不会欺骗愚笨者。举凡天下的祸患、掠夺、埋怨、愤恨可以不使它产生的原因，是因为有了相爱，所以仁者称赞它。"

（6）巫马子谓子墨子曰："子兼爱天下，未云①利也，我不爱天下，未云贼②也。功皆未至，子何独自是而非我③哉？"子墨子曰："今有燎④者于此，一人奉水将灌之，一人掺⑤火将益之，功皆未至，子何贵⑥于二人？"巫马子曰："我是彼奉水者之意，而非夫掺火者之意。"子墨子曰："吾亦是吾意而非子之意也。"

（《墨子·怒耕柱子》）

【注释】①云：有。 ②贼：祸害。 ③何独自是而非我：怎么只肯定自己而否定我。 ④燎：燃烧着的火。 ⑤掺：持。 ⑥贵：以……为贵。

【译文】

巫马子对墨子说："您博爱天下，还没有（呈现）什么好处；我不爱天下人,也还没有(呈现)什么害处。都还没有产生什么效果,您怎么能只肯定你自己而否定我呢?"墨子说:"现在这里有一处地方失火,一个人端来水,要浇灭它;一个人举着火把,要使它烧得更大。都还没有产生结果,您更赞同二人中的哪一个呢?"巫马子说:"我赞同那个端水者的想法,而不赞同那个举火把人的想法。"墨子说:"我也肯定我的理念,而否定您的理念罢了。"

思考与练习

1. 当一件事的最终结果尚未呈现时,我们如何判断它的利与弊呢?
2. 要爱天下众人,你以为首先要做到什么?
3. 墨子以为,要治理天下首先要从什么做起?

国学活动建议

历史故事(墨子阻止楚王攻打宋国)　　中国象棋入门三(象棋格言警句口诀集锦、中国象棋二十杀招精解)

十六、惜时

学习提示

生命对任何人来说，总是短暂的。如何把有限的生命拉长，让自己的人生更加丰富更加精彩，这是人们不断思考的问题。即使伟大如毛主席，他也还是觉得"一万年太久，只争朝夕"。那么我们又将如何呢？认真阅读古人对时间的感受以及有关惜时的教诲，大家一定会从中得到有益的启示。

正文

(1) 子在川上曰："逝者如斯夫，不舍昼夜。"

（《论语·子罕》）

【译文】

孔子在河边说道："流逝的时光如同这河水一样啊，日夜不停地奔流。"

(2) 人生天地之间，若白驹①之过隙②，忽然而已。

（《庄子·知北游》）

【注释】①白驹：白色的骏马，比喻太阳。 ②隙：指缝隙。

【译文】

人生在天地之间，就像白色的骏马在细小的缝隙前跑过一样，不过一瞬间罢了。

(3) 青青园中葵①，朝露待日晞②。阳春布德泽③，万物生光辉。常恐秋节④至，焜黄⑤华叶衰。百川东到海，何时复西归。少壮不努力，老大徒⑥伤悲。

（《汉乐府·长歌行》）

【注释】①葵：蔬菜名，古代重要的蔬菜之一。 ②晞：天亮，引申为阳光照耀。③布德泽：布，布施；德泽，恩惠。 ④秋节：秋季。 ⑤焜黄：焜，音 hún；形容草木凋落枯黄的样子。 ⑥徒：白白地。

【译文】

园中的葵菜都郁郁葱葱，晶莹的朝露在阳光下飞升。春天把希望洒满了大地，万物都呈现出一派繁荣。常恐那肃杀的秋天到来，树叶儿黄落百草也凋零。百川奔腾着东流到大海，何时才能重新返回西境？少年人如果不及时努力，到老来只剩有伤心和悔恨。

(4) 盛年①不重来，一日难再②晨，及时③当勉励，岁月不待人。

(陶渊明《杂诗》)

【注释】①盛年：壮年。 ②再：第二次。 ③及时：趁盛年之时。

【译文】

青春一旦过去便不可能重来，一天之中永远看不到第二次日出（或：不可能有第二个早晨）。应当趁年富力强之时勉励自己，光阴流逝，并不等待人。

(5) 三更灯火①五更鸡②，正是男儿读书时，黑发不知勤学早，白发方悔读书迟。

(颜真卿《劝学》)

【注释】①三更灯火：指读书读到半夜三更。 ②五更鸡：天快亮时，鸡啼叫。

【译文】

每天三更半夜到鸡鸣时刻，是男孩读书的最好时间。少年时代不知道早早努力勤奋学习，（不要到）年老的时候才后悔读书太迟了。

(6) 故圣人不贵尺之璧①而重寸之阴②，时难得而易失也。

(刘安《淮南子·原道训》)

【注释】①璧：平圆形中间有孔的玉。 ②阴：光阴。

【译文】

所以圣人不以盈尺的璧玉为贵,而看重(珍惜)每一寸的光阴,(因为)时间难以得到却容易失去。

(7) 少年易老学难成,一寸光阴不可轻①。未觉池塘春草梦,阶前梧叶②已秋声。

(朱熹《偶成》)

【注释】①轻:看轻。 ②梧叶:梧桐树叶。

【译文】

少年时光一晃就过去,人已经衰老,可学业却还是难以成就;(所以)哪怕是一寸的光阴也不可以轻易任其流逝。池塘边的春草刚刚结束美梦,甚至我都还没有感觉到春天来临,台阶前的梧桐树叶就已经在秋风里沙沙作响了。

(8) 莫等闲①,白了少年头,空悲切②。

(岳飞《满江红·怒发冲冠》)

【注释】①等闲:无端地,平白地。 ②悲切:非常悲痛。

【译文】

(好男儿,要抓紧时间为国建功立业)不要平白无端地将青春消磨,等到年少时的黑发全都变白,空自痛哭悲哀。

(9) 明日复明日,明日何其①多!我生待明日,万事成蹉跎②。世人若被明日累,春去秋来老将至。朝看水东流,暮看日西坠,百年明日能几何?请君听我明日歌。

(《明日歌》)

【注释】①何其:多么。 ②蹉跎:时间白白地逝去,指虚度光阴。

【译文】

明天又一个明天,明天是何等的多。我的一生都在等待明日,一切事情都将空空错过机会没有进展。世上的人们如果都被明天所拖累,春天走了秋天又来很快就会老去。早晨看河水向东流逝,傍晚看太阳向西坠落。百年来明日能有多少呢?请大家听听我的《明日歌》。

(10) 一年之计①在于春,一日之计在于晨。一家之计在于和,一生之计在于勤。

(《增广贤文》)

【注释】①计:谋划,打算。

【译文】

一年的谋划应在春天里做好,一天的安排应在黎明时分做好,一个家庭最当考虑的是和睦,一个人一生(要有所)成就就在于勤劳。

思考与练习

1. 你曾经浪费过时间吗?鲁迅说过:"浪费别人的时间等于谋财害命。"那么浪费自己的时间呢?

2. 深圳刚刚设为经济特区的时候,曾经提出过这样的口号——时间就是金钱。你赞同这样的口号吗?

3. 背诵《长歌行》《明日歌》以及颜真卿、朱熹关于惜时、劝学的诗。

国学常识链接

祖逖闻鸡起舞的故事   中国古代科举

十七、立志

学习提示

"志"在中国传统文化中的意思为志向、目标、理想。孔子说:"吾十有五而志于学,三十而立,四十而不惑,五十而知天命,六十而耳顺,七十而从心所欲,不逾矩。"宋代的朱熹说:"百学须先立志。"学生成才成功的第一件事是立志,树立长远的目标和未来的人生方向。在先贤看来,人在青少年时期就应该树立明确的志向,怀抱远大的抱负和理想,并植根于内心,用全部的精力和整个生命去为之奋斗和努力。

正文

(1)夫①志,气之帅②也,人之命也,木之根也,水之源也。源不濬③则流息④,根不植则木枯,命不续则人死,志不立则气昏⑤。是以⑥君子之学,无时无处而不以立志为事。正目而视之,无他见也;倾耳而听之,无他闻也。如猫捕鼠,如鸡覆卵,精神心思凝聚融结,而不知有其他,然后此志常立,神气精明,义理昭著。

(王阳明《示弟立志说》)

【注释】①夫:文言发语词。②帅:统帅。 ③濬:同"浚",疏通,挖深。 ④息:停止。 ⑤气昏:气质浑浊。 ⑥是以:所以,因此。

【译文】

志向,就如气的统帅,人的性命,树的根本,水的源头。水源不疏通,那么水就会停止奔流;树根不培植,那么树木就会枯萎;性命不延续,人就会死去;志向不确立,就会气质浑浊。所以君子做学问,无时无处不以立志为最重要的事情。端正目光认真看,就看不见其他的东西;耳朵侧向一边注意听,就听不见其他的声音。就像猫抓老鼠、母鸡孵蛋一样,精神心思集中凝结在一块,而不知(外界)有其他事情(发生)。这样以后,常常确立这种志向，（一定会）神气精明，道德昭彰显著。

（2）孩儿立志出乡关，学不成名誓不还。埋骨何须桑梓①地，人生无处不青山。

（毛泽东《七绝·改诗赠父亲》）

【注释】①桑梓：比喻故乡。

【译文】

孩子我立下志向要走出家乡到外面的世界去看一看，发誓没有学到真的本领就不回来。死后哪里一定要选择埋葬在故乡，人生处处哪里不是埋葬忠骨的好地方。

（3）孟子曰："舜发于畎亩①之中，傅说②举于版筑③之间，胶鬲④举于鱼盐之中，管夷吾举于士⑤，孙叔敖⑥举于海，百里奚举于市⑦。故天将降大任于斯人也，必先苦其心志，劳其筋骨，饿其体肤，空乏其身，行拂乱其所为，所以动心忍性，曾⑧益其所不能。人恒过，然后能改；困于心，衡于虑⑨，而后作；征⑩于色，发于声，而后喻。入则无法家拂士⑪，出则无敌国外患者，国恒亡。然后知生于忧患而死于安乐也。"

（《孟子·告子下》）

【注释】①畎亩：田间，田地。 ②傅说：殷武丁时人，曾为刑徒，在傅险筑墙，后被武丁发现，举用为相。 ③版筑：一种筑墙的工作，在两块墙版中，填入泥土夯实。 ④胶鬲：殷纣王时人，曾以贩卖鱼、盐为生，周文王把他举荐给纣，后辅佐周武王。 ⑤士：此处指狱囚管理者。 ⑥孙叔敖：是春秋时楚国的隐士，隐居海边，被楚王发现后任为令尹。 ⑦百里奚举于市：春秋时，百里奚流落在楚国，秦穆公用五张羊皮的价格把他买回，任为宰相。 ⑧曾：通"增"。 ⑨衡于虑："衡"通"横"，横塞；思想被阻塞。 ⑩征：表征，表现。 ⑪法家拂士：法家，有法度的大臣；拂，假借为"弼"，辅佐；拂士，辅佐的贤士。

【译文】

孟子说："舜从田间劳动中被举荐，傅说从筑墙的工作中被选拔出来，胶鬲从鱼盐的买卖之中被举用，管仲从狱官手下被提拔，孙叔敖被发现于海边，百里奚从市场上被选拔。所以，上天将要把重大使命降落到某人身上，一定要先使他的意志受到磨练，使他的筋骨受到劳累，使他的身体忍饥挨饿，使他全身困乏，使他的行为总是遭受干扰麻烦，这样来震撼他的心志，坚韧他的性格，增长他的才能。人经常犯错误，然后才能改正错误；心气郁结，殚思竭虑，然后才能奋发而起；表现在脸色上，流露于谈吐中，然后才能被人了解。（一个国家）内部没有执法的大臣和辅佐的贤士，外部没有敌对的国家和侵扰的忧患，往往容易衰亡。这样，才能懂得忧虑患难可促使人生存，安逸享乐便会导致败亡（的道理）。"

(4) 子曰："三军①可夺帅也，匹夫②不可夺③志④也。"

（《论语·子罕》）

【注释】①三军：军队的通称。 ②匹夫：古代指平民中的男子，泛指平民百姓。 ③夺：改变，换。 ④志：未表露出来的长远的打算，即志向。

【译文】

孔子说："军队的主帅可以改变，男子汉的志向却是不可以改变的。"

(5) 居天下之广居，立天下之正位，行天下之大道①；得志与民由②之，不得志独行其道；富贵不能淫③，贫贱不能移，威武不能屈④：此之谓大丈夫。

（《孟子·滕文公下》）

【注释】①广居、正位、大道：朱熹注释为——广居，仁也；正位，礼也；大道，义也。 ②由：遵从，遵照。 ③淫：惑乱，沉湎，沉浸。 ④屈：屈服。

【译文】

（男子理当）住在天下最宽广的住宅（仁）里，站在天下最正确的位置（礼）中，行进在天下最光明的大道（义）上。得志的时候，便与老百姓一同沿着正道前进；不得志的时候，能够独自坚持原则。富贵不能使我迷惑腐化，贫贱不能使我改志变节，威武不能使我屈服投降。这才叫做男子汉大丈夫！

81

(6)神龟①虽寿②，犹有竟③时。螣蛇④乘雾，终为土灰。老骥伏枥⑤，志在千里。烈士暮年⑥，壮心不已⑦。盈缩⑧之期，不但在天；养怡之福，可得永年。幸甚至哉⑨，歌以咏志。

（曹操《龟虽寿》）

【注释】①神龟：传说中的通灵之龟，能活几千岁。 ②寿：长寿。 ③竟：终结，这里指死亡。 ④螣蛇：螣，音 téng，传说中与龙同类的神物，能腾云驾雾。 ⑤骥：音 jì，良马，千里马。枥：音 lì，马槽。 ⑥烈士：有远大抱负的人。暮年：晚年。 ⑦已：停止。 ⑧盈缩：盈，满，引申为长；缩，亏，引申为短；原指人的寿星的长短变化，现指人寿命的长短。 ⑨幸甚至哉：两句是合乐时加的，跟正文没关系，是乐府诗的一种形式性结尾。

【译文】

神龟虽然十分长寿，（但）也还有生命终结的时候。螣蛇尽管能乘雾飞行，终究也会死亡化为土灰。年老的千里马躺在马棚里，它的雄心壮志仍然是一日驰骋千里。有远大抱负的人到了晚年，奋发思进的雄心不会止息。人的寿命长短，不只是由上天所决定的，只要自己调养好身心，也可以益寿延年。我非常高兴，用这首诗歌来表达自己内心的感受。

(7)古之立大事者，不惟①有超世之才，亦必有坚忍不拔之志。昔②禹之治水，凿龙门，决③大河，而放之海。方其功之未成也，盖亦有溃冒冲突④可畏之患；惟能前知其当然，事至不惧，而徐为之图⑤，是以得至于成功。

（苏轼《晁错论》）

【注释】①惟：只有。 ②昔：从前。 ③决：疏通水道。 ④冒：淹没，覆盖。冲突：急奔猛闯。 ⑤图：谋划，反复考虑。

【译文】

历史上凡是成就大事业的人，不仅有出类拔萃的才能，也一定有坚韧不拔的意志。从前大禹治理洪水，凿开龙门，疏通黄河，引导洪水流入大海。当他的功业尚未最后完成时，大概也存在着洪水决堤淹田、狂奔泛滥等可怕的祸患，只是他能事先预料到这些现象必然发生，等到祸患来临时不会害怕而惊慌失措，并能从容地谋划解决，所以能够最终达到成功。

(8) 凡事豫①则立，不豫则废。言前定②，则不跲③；事前定，则不困④；行前定，则不疚⑤；道前定，则不穷⑥。

（《礼记·中庸》）

【注释】①豫：事先有准备，预先。 ②定：预先约妥，即准备。 ③跲：音 jiá，本意是绊倒，这里是理屈词穷的意思。 ④困：困难，阻碍。 ⑤疚：困惑。 ⑥穷：有力使不出，这里指走投无路。

【译文】

任何事情，事前有准备就可以成功，没有准备就要失败。说话前有准备，就不会理屈词穷站不住脚。做事前先有准备，就不会遇到阻碍。行动前先有准备，就不会困惑以至于后悔。道路事先选定，就不会行不通而陷入困境。

(9) 有志者，事竟成，破釜沉舟①，百二秦关②终属楚；
苦心人，天不负，卧薪尝胆③，三千越甲④可吞吴。

（蒲松龄撰自勉联）

【注释】①破釜沉舟：指《史记·项羽本纪》记载的，"项羽乃悉引兵渡河，皆沉船，破釜甑，烧庐舍，持三日粮，以示士卒必死，无一还心。" ②百二秦关：也叫百二雄关，古代通指函谷关或潼关以西的秦国领地。 ③卧薪尝胆：指《史记·越王勾践世家》记载的，"吴既赦越，越王勾践返国，乃苦身焦思，置胆于坐，坐卧即尝胆，饮食亦尝胆也。" ④三千越甲：三千名越国士兵；这里的"三千"是虚数，形容越国士兵人数不多而已。

【译文】

有志气的人，做事都会成功，就像项羽破釜沉舟，最终使百二秦关都归楚所有；苦励心志的人，天也不会辜负他，就像勾践卧薪尝胆，仅用三千兵马，就灭亡了吴国。

思考与练习

1. 说说你的志向是什么。

2. 为了实现你的志向，你已经做了，或者即将做哪些努力？
3. 背诵并默写选文（2）（3）。

国学活动建议

汉字书写三（毛笔书法入门之一、二）　　陈蕃立誓扫天下的故事

十八、为学

学习提示

学习关涉的内容很多,首先是学习有什么意义,其次要学什么,而后又有什么时间学,什么年龄要完成什么样的学业以及怎么学等等。面对古人的许多论述,我们应当明辨其对当今信息爆炸时代的意义,并从中获得足够的启示与教育,以立足于当今乃至未来的世界。

正文

(1) 君子曰:学不可以已①。青,取之于蓝②,而青于蓝;冰,水为之,而寒于水。木直中绳,輮以为轮③,其曲中规。虽有槁暴④,不复挺者,輮使之然也。故木受绳则直,金就砺⑤则利,君子博学而日参省乎己,则知⑥明而行无过矣。

吾尝终日而思矣,不如须臾之所学也;吾尝跂⑦而望矣,不如登高之博见也。登高而招,臂非加长也,而见者远;顺风而呼,声非加疾也,而闻者彰。假舆马者⑧,非利足也,而致千里;假舟楫者,非能水也,而绝⑨江河。君子生⑩非异也,善假于物也。

(《荀子·劝学》)

【注释】①已:停止。 ②蓝:蓝草,也叫蓼蓝,叶子可制染料。 ③輮以为轮:輮,通"煣",使弯曲;把它弯曲成车轮。 ④虽有槁暴:有,通"又";槁,枯;暴,晒;即使又晒干了。 ⑤就:靠近,这里指磨。砺:磨刀石。 ⑥知:通"智",智慧。 ⑦跂:音 qì,抬起脚后跟站着。 ⑧假舆马者:假,借助,利用;舆,车;借助车马的人。 ⑨绝:横渡。 ⑩生:通"性",资质,禀赋。

【译文】

学习是不可以停止的。靛青是从蓝草里提取的,可是比蓝草的颜色更深;冰是水凝结而成的,却比水还要冷。木材合乎拉直的墨绳,用煣的工艺把它制成车轮,(那么)木材的弯度(就)合乎圆规,即使再干枯了,(木材)也不会再挺直,这是因为经过煣的工艺加工,它才成为这样。所以木材用墨线量过,再经辅具加工就能取直,刀剑等金属制品在磨刀石上磨过就能变得锋利,君子广泛地学习,而且每天检查反省自己,那么他就会变得智慧明达,行为没有过错了。

我曾经整日思索,却不如学习片刻收获大;我曾经踮起脚跟眺望,却不如登上高处看得更广;登高招手,手臂并没有加长,但人们在远处也能看见;顺着风呼喊,声音并没有加大,但听的人会听得清楚;借助车马的人,不是脚走得快,却能到达千里之外;借助船只的人,不是自己能游泳,却能横渡江河。君子的本性同一般人没有差别,只是善于借助外物罢了。

(2) 子曰:"君子食无求饱,居无求安,敏于事而慎于言,就有道而正焉①,可谓好学也已。"

子曰:"学而时习②之,不亦说③乎?有朋自远方来,不亦乐乎?人不知,而不愠④,不亦君子乎?"

(《论语·学而》)

子曰:"默而识⑤之,学而不厌,诲⑥人不倦,何有于我哉?"

子曰:"我非生而知之者,好古、敏⑦以求之者也。"

(《论语·述而》)

子曰:"十室之邑⑧,必有忠信如丘者焉,不如丘之好学也。"

(《论语·公冶长》)

子曰:"学而不思则罔⑨,思而不学则殆⑩。"

(《论语·为政》)

【注释】①就有道而正焉:就,接近,靠近;接近有道德的人来匡正自己的错误。②习:实习,练习。 ③说:音 yuè,通"悦",愉快,高兴的意思。 ④愠:音 yùn,恼怒,怨恨。 ⑤识:音 zhì,记住。 ⑥诲:教导。 ⑦好古:喜欢古代(文化)。敏:勤勉。 ⑧邑:居民聚居的地方。 ⑨罔:同"惘",迷惑。 ⑩殆:危险。

十八、为学

【译文】

孔子说:"品德高尚的人吃东西不追求饱足,居住不追求安逸,勤勉做事而谨慎于言谈,接近有道德的人来匡正自己的错误,这样就可以说是好学的了。"

孔子说:"学了,然后按一定的时间去实习它,不也高兴吗?有志同道合的人从远处来,不也快乐吗?人家不了解我,我却不怨恨,不也是君子吗?"

孔子说:"(把所见所闻)默默地记在心里,努力学习而不满足,教导别人而不疲倦,这些事情我做到了哪些呢?"

孔子说:"我不是生来就有知识的人,而是喜欢古代文化,勤奋努力探求知识的人。"

孔子说:"只有十户人家的小地方,也一定有像我孔丘一样忠厚诚实的人,只是比不上我孔丘喜欢学习啊。"

孔子说:"只读书不肯思考,那就陷于迷惑而无所收获;只懂思考而不肯读书,那是很危险的。"

(3)物固莫不有长,莫不有短,人亦然。故善学者,假①人之长以补其短。

(《吕览·孟夏纪·用众》)

【注释】①假:借。

【译文】

事物没有什么没有长处,也没有什么没有短处,人也这样。所以善于学习的人,(是)借他人的长处弥补自己的短处。

(4)国子先生晨入太学,招诸生立馆下,诲之曰:"业精于勤,荒于嬉①;行成于思,毁于随②。方今圣贤相逢,治具毕张③,拔去凶邪,登崇俊良④。占小善者率以录⑤,名一艺者无不庸⑥,爬罗剔抉⑦,刮垢磨光。盖有幸而获选,孰云多而不扬?诸生业患不能精,无患有司之不明⑧;行患不能成,无患有司之不公。"

(韩愈《进学解》)

87

【注释】①嬉：嬉戏游荡。　②随：因循随俗。　③治具：指法律政令。毕：全。张：举，实施。　④登崇俊良：登崇，提拔重用；俊良，才德优良的人；提拔重用才德优良的人。　⑤率以录：率，大都；以，同"已"；都已经录用。　⑥庸：通"用"。　⑦爬罗：爬梳，搜罗。剔抉：剔除不好的，挑选好的。　⑧有司：主管的官吏，此处指负责选拔人才的官员。明：明察。

【译文】

国子先生早晨走进太学，召集各位太学生们站在学舍下，教导他们说："学业由于勤勉而精进，由于嬉戏而荒废；德行因多思而成就，因因循随俗而败坏。当前圣君得到贤能的大臣辅佐，法令制度完备，清除官吏中的坏人，提拔和推崇杰出的人才。只要有一点美德的都给予录用，只要有一技之长的无不任用。搜罗选拔，训练培养。虽然也许会有无能之辈侥幸得到选拔，但谁说会因为人材多而不被推举呢？诸位学生，你们就只需担心自己的学业不能精能，不用担心主管官员不能看清楚，只需担心自己的德行不能完善，不必担心主管官员不公正。"

(5) 风声雨声读书声，声声入耳；家事国事天下事，事事关心。

(顾宪成撰东林书院楹联)

(6) 吾语汝：好仁不好学，其蔽也愚；好知不好学，其蔽也荡①；好信不好学，其蔽也贼②；好直不好学，其蔽也绞③；好勇不好学，其蔽也乱④；好刚不好学，其蔽也狂⑤。

(《论语·阳货》)

子曰："吾十有五而志于学，三十而立⑥，四十而不惑⑦，五十而知天命，六十而耳顺⑧，七十而从心所欲，不逾矩⑨。"

(《论语·为政》)

【注释】①荡：放浪而无所持守。　②贼：残害，伤害。　③绞：急切，不容忍而伤人。　④乱：危害，祸乱。　⑤狂：狂妄。　⑥《论语·泰伯篇》说："立于礼。"《论语·季氏篇》又说："不学礼，无以立。"这里的"立"，当指立于礼，即做事合于礼，站得住脚。 ⑦不惑：《论语·子罕篇》与《论语·宪问篇》都有"知者不惑"的话，所以这里的意思是学问已很渊博，不会受迷惑。 ⑧耳顺：指听到别人说话能明是非，辨真假。 ⑨从：随。逾：超过。矩：规矩，法度。

【译文】

我告诉你：一味喜欢仁而不喜欢学习，它的弊病是愚蠢；一味喜欢聪明而不喜欢学习，它的弊病是放浪而没有准则；一味喜欢诚信而不喜欢学习，它的弊病是害人害己；一味喜欢耿直而不喜欢学习，它的弊病是因急切而伤害人；一味喜欢勇猛而不喜欢学习，它的弊病是犯上作乱、闯祸；一味喜欢刚强而不喜欢学习，它的弊病是狂妄而不知道天高地厚。

孔子说："我十五岁有志于学问，三十岁说话做事都能够合于礼，四十岁（掌握了各种知识）能够不迷惑了，五十岁懂得了天命，六十岁一听到别人说话，便可以分别真假，判明是非，掌握其主旨，七十岁便随心所欲，任何念头都不会越出规矩。"

(7) 不耻①不若人，何若人有？

（《孟子·尽心上》）

孟子曰："尽信《书》②，则不如无《书》。吾于《武成》③，取二三策而已矣。仁人无敌于天下，以至仁伐至不仁，而何其血之流杵④也。"

（《孟子·尽心下》）

孟子曰："今夫弈之为数，小数也；不专心致志，则不得也。弈秋，通国之善弈者也。使弈秋诲二人弈，其一人专心致志，惟弈秋之为听。一人虽听之，一心以为鸿鹄将至，思援弓缴而射之，虽与之俱学，弗若之矣，为是其智弗若与？"

（《孟子·告子上》）

【注释】①耻：以……为耻。 ②《书》：指《尚书》。 ③《武成》：《尚书》的篇名。 ④杵：舂米或捶衣的木棒。

【译文】

不以比不上他人为耻，有什么能比得上他人呢？

孟子说："要是完全相信《尚书》，那还不如没有《尚书》。我对《尚书·武成》篇只不过取其中两三竹简罢了。仁者在天下无敌，以最讲仁道的人去征伐最不仁道的人，怎能不使血多得把木槌都漂流起来呢？"

孟子说："下棋作为一技术不过是小技术而已，但不能够专心致志地学，也学不会。弈秋是全国下棋的能手。叫弈秋教两个人下棋，其中一人能专心致志地学，只听弈秋的话。另一个人虽然也在听，但心里一直以为天鹅将要飞来，想着拉开弓箭去射它，虽然也跟那人一起学习，却比不上那个人，是因为他不如他人聪明吗？"

思考与练习

1. 在孔子看来，学习的意义在哪里？
2. 从本课选文看，要想学有所成，应当注意什么？
3. 古代人读书累了困了，用"头悬梁，锥刺股"来激励和提醒自己，你平常在学习中有什么好经验，一起来分享吧。

国学常识链接

历史故事（纸上谈兵、悬梁刺股、程门立雪、囊萤映雪、凿壁借光、张良得兵书）

十九、自省

学习提示

自省是儒家所倡导的十分重要的提高自身修养的方法，它指人的自我评价、自我反省、自我批评、自我调控和自我教育。这种修养方法要求人们经常反省自己的意识和行为，辨察、剖析其中的善恶是非，开展自我批评，并进行自我修正，不断提高自己的道德水准和学识水平。

自省的思想不仅源远流长，而且非常深刻。我国这种严于律己的古老的优秀传统，对于提高当代人的自身修养仍然有着十分重要的指导意义。

正文

（1）子曰："见贤①思齐②焉；见不贤而内自省也。"

（《论语·里仁》）

子曰："已矣乎！吾未见能见其③过而内自讼④者也。"

（《论语·公冶长》）

子曰："躬自厚⑤而薄⑥责于人，则远怨矣！"

（《论语·卫灵公》）

【注释】①贤：贤者，有德行、有才华的人。 ②齐：向……看齐。 ③其：代词，代指自己。 ④讼：责备。 ⑤躬自厚：本当作"躬自厚责"，因下文"薄责"的"责"而省略。 ⑥薄：少。

【译文】

孔子说："看见有德行的人就要想着向他看齐，看见没有德行的人，就应该自己反省（是否有和他类似的毛病）。"

孔子说："算了吧！我还没有看见过能够看到自己的错误便能从内心责备自己的人。"

孔子说："多责备自己，而少责备别人，（别人的）怨恨自然就不会来了。"

(2)孟子曰："爱人不亲，反①其仁；治人不治，反其智；礼人不答，反其敬。行有不得者，皆反求诸己②。其身正而天下归之③。《诗》云：'永言④配命，自求多福⑤。'"

(《孟子·离娄上》)

【注释】①反：反省。 ②反求诸己：求，探索、责求，此有反省的意味；诸，"之于"的合音；返身责求自己。 ③归：归服。 ④言：语气助词，无实义。 ⑤自求多福：反省、责求自己才能获得更多幸福。

【译文】

孟子说："爱别人，别人却不亲近自己，反省自己的仁（爱程度够不够）；管理别人却没有管理好，那就该反省自己的智（慧谋略足不足）；以礼待人可别人却对自己无礼，就该反省自己的敬（意诚不诚）。任何行为没有得到预期的效果，都应该反过身来问问自己（有没有做好）。自身行为端正了，天下的人自然就会归服他。《诗经》说：'长久地与天命相配合，责求自己才能获得更多幸福。'"

(3)见善，修然①必以自存②也；见不善，愀然③必以自省也。善在身，介然④必以自好⑤也；不善在身，菑然⑥必以自恶也。

(《荀子·修身》)

【注释】①修然：整饬，有条理的样子。 ②存：存在。 ③愀然：音qiǎo，忧虑惊惧的样子。 ④介然：意志坚定貌。 ⑤好：音hào，爱护，珍惜。 ⑥菑然："菑"，通"灾"；一说，菑，通"缁"，黑色，引申为污染；蒙受灾害，玷污的样子。

【译文】

见到美好的行为，一定要用它认真地对照检查自己，使这些美好的行为也出现在自己身上；见到不好的行为，一定要用它严肃地反省自己。（如果）自己身上有了好的德行，一定要因之坚定地珍惜它；（如果）自己身上有不良的品行，一定要因之像蒙受灾害似的厌恶它。

(4) 内自讼①者，口不言而心自咎也。人有过而能自知者鲜②矣，知过而能内自讼者为尤鲜。能内自讼，则其悔悟深切而能改，必矣。

(朱熹《四书章句集注》)

【注释】①内自讼：讼，责备；从内心责备自己。 ②鲜：音 xiǎn，少。

【译文】

能够从内心责备自己的人，嘴上不说而在内心里追究自己的过错。能够认识到自己有过错的人是很少的，知道自己的过错而又能出自内心反省的人就更少。能够从内心反省自己，那就表明他悔悟得深刻切实，（因而）一定能改正错误。

思考与练习

1. 从本课选文中，选取你最喜爱的一则，谈谈你的理解或感受。

2. 《诗经》说："永言配命，自求多福。"请用生活中的事例来证明"自求"者"多福"。

3. 收集一则"自省"的历史故事。

国学活动建议

十二生肖及年龄推算　曾国藩的故事（做清醒之人、自省己过）

二十、眼界

学习提示

眼界，指目力所及的范围。引申指见识的广度。一个人眼界的大小，决定了他见识的宽窄，而见识的宽窄又决定了他境界的高低。所以，人们都努力地追求着更宽更广的眼界，毕竟"曾经沧海难为水，除却巫山不是云"。只是如何才能保证自己的这种追求永不停歇呢？庄子的寓言、孔子的智慧以及诗人们的情怀一定会带给你不少有益的启示。

正文

（1）秋水时至，百川灌河；泾流①之大，两涘渚崖之间②，不辨牛马。于是焉河伯欣然自喜，以天下之美为尽在己。顺流而东行，至于北海，东面而视，不见水端。于是焉河伯始旋③其面目，望洋向若而叹曰④："野语有之曰：'闻道百，以为莫己若者⑤。'我之谓也。且夫我尝闻少仲尼之闻而轻伯夷之义者⑥，始吾弗信；今我睹子之难穷也，吾非至于子之门则殆矣，吾长见笑于大方之家。"北海若曰："井蛙不可以语于海者，拘于虚⑦也；夏虫不可以语于冰者，笃⑧于时也；曲士⑨不可以语于道者，束于教也。今尔出于崖涘，观于大海，乃知尔丑⑩，尔将可与语大理矣。"

（《庄子·秋水》）

【注释】①泾流：即水流。　②两涘渚崖之间：涘，水边；渚，水中陆地；两岸之间以及水中陆地与河岸之间。　③旋：转动，此指改变，指改变了他的脸色。　④望洋向若而叹曰：望洋，正字当作"望阳"，仰视；仰视着向海神若叹息说。　⑤莫己若者：即莫若己者。　⑥少仲尼之闻而轻伯夷之义者：少，看不起、轻视；闻，知识、见闻；看不起孔子的知识见闻，轻视伯夷的高义。　⑦虚：同"墟"，处所。　⑧笃：固。　⑨曲士：曲，乡曲；穷乡僻壤的读书人。　⑩丑：鄙陋。

【译文】

秋天大水按时到来，众多的河流都灌注到黄河里去。（那时，）水流盛大，两岸之间以及水中陆地与河岸之间,互相望去,分不清牛马。于是黄河水神河伯自己感到非常高兴,认为天下的盛美全在自己了。他顺着河水往东走,到了渤海,向东望去,看不见海水的边际。于是河伯的脸色开始变了,他仰视着向海神若叹息说:"俗语里有这样一种说法:'听到的道理多了,认为没有谁比得上自己。'这话说的就是我啊。我曾经听说过看不起孔子的知识而轻视伯夷高义的人,起初我还不相信;现在我看到你浩瀚无边难以穷尽,我如果不是到了你的门前就危险了,我就会永远被那些懂得大道理的人笑话了。"海神若说:"不可以与井中的蛙谈论大海的原因,是因为它受到地域的限制;不可以与夏天的虫子谈论冰雪的原因,是因为它固执于时间(即受时间的限制);不可以与穷乡僻壤的读书人谈论大道理的原因,是因为他们受教育的束缚。现在你从崖岸中出来,游览于大海,于是就知道自己的鄙陋,你可以和大家一起谈论大道理了。"

(2)小知①不及大知,小年②不及大年。奚以知其然也?朝菌不知晦朔③,蟪蛄不知春秋④:此小年也。楚之南有冥灵⑤者,以五百岁为春,五百岁为秋;上古有大椿⑥者,以八千岁为春,八千岁为秋:此大年也。而彭祖乃今以久特闻⑦,众人匹之,不亦悲乎⑧!

(《庄子·逍遥游》)

【注释】①知:通"智"。 ②年:寿命。 ③朝菌不知晦朔:朝菌,一名大芝,朝生,见日则死;晦,阴历每月最后一日;朔,阴历每月的第一日;朝菌不知一月时间的变化。 ④蟪蛄不知春秋:蟪蛄,音 huì gū,寒蝉,春生夏死,夏生秋死;春秋,指四季;蟪蛄不知一年的时间变化。 ⑤冥灵:树名。 ⑥大椿:树名。 ⑦彭祖乃今以久特闻:彭祖,传说为尧之臣,名铿,活了八百岁;彭祖如今独以长寿著名。 ⑧众人匹之,不亦悲乎:一般人和他比,(羡慕他,)这不是很可悲的吗?

【译文】

小的智慧赶不上大的智慧,短的寿命赶不上长的寿命。凭什么知道它是这样的呢?朝菌无法知道阴历每月最晚的一天和最早的一天(其寿命不超过一天),蟪蛄不可能知道一年有春夏秋冬四季(其寿命不超过两季);这些都是短的寿命。楚国的南部有一种冥灵树，以五百年为一个春季，以五百年为一个秋季；较早的古代有一种大椿树，以八千年为一个春季，以八千年为一个秋季；这些都是长的寿命。而彭祖如今以长寿闻名，一般人和他比，不是很可悲吗？

(3) 孟子曰："孔子登东山①而小鲁，登泰山而小天下，故观于海者难为水，游②于圣人之门者难为言。观水有术，必观其澜③。日月有明，容光④必照焉。流水之为物也，不盈科⑤不行；君子之志于道也，不成章不达⑥。"

(《孟子·尽心上》)

【注释】①东山：指今山东临沂市的蒙山。　②游：考察，学习。　③澜：大波浪。　④容光：缝隙。　⑤盈科：水多填满坑。　⑥不成章不达：章，具有一定规模和内容的业绩；没有一个一个循序渐进的业绩的累进，不可能发展到伟大的成就。

【译文】

孟子说："孔子登上东山便觉得鲁国小了，登上泰山便觉得天下小了。因此，看过大海的人对于（小）水不易产生兴趣，在圣人门下学习过的人也很难对（其他）学说感兴趣。观赏水有一定的办法，必须观赏那滚滚的波涛。太阳和月亮有耀眼的光辉，有细小的缝隙就一定能照到。水在地上流，不注满坑洼就不再向前流，君子立志行道，没有一个一个循序渐进的业绩的累进，不可能发展到伟大的成就。"

(4) 岱宗①夫如何？齐鲁②青未了。造化钟神秀③，阴阳割昏晓④。荡胸⑤生层云，决眦⑥入归鸟。会当凌绝顶⑦，一览众山小⑧。

(杜甫《望岳》)

【注释】①岱宗：泰山亦名岱山，在今山东省泰安市城北。古代以泰山为五岳之首，诸山所宗，故又称"岱宗"。　②齐鲁：古代齐鲁两国以泰山为界，齐国在泰山北，鲁国在泰山南。　③造化钟神秀：造化，大自然；钟，聚集；神秀，天地之灵气，神奇秀美；大自然聚集了天地的神奇秀美。　④阴阳割昏晓：阴阳，阴指山的北面，阳指山的南面；割，分；山南山北如同被分割为黄昏与清晨。　⑤荡胸：心胸摇荡。　⑥决眦：决，裂开；眦，眼角；眼角几乎要裂开。　⑦会当凌绝顶：会当，终当，定要；凌，登上；一定要登上泰山的最高峰。　⑧小：意动用法，意思为以……为小，认为……小。

【译文】

巍峨的泰山，到底如何雄伟？青翠的山色望不到边际（走出齐鲁，依然可见那青青的峰顶）。神奇的自然汇聚了千种美景，山南山北分隔出黄昏与拂晓。山中冉冉升起的层层云霞，荡涤着我的心灵，极目追踪那暮归的鸟儿陷入了山林。我一定要登上泰山的顶峰，俯瞰那众山，而众山就会显得极为渺小。

(5) 白日①依②山尽③，黄河入海流。欲穷④千里目⑤，更上一层楼。

(王之涣《登鹳雀楼》)

【注释】①白日：太阳。　②依：依傍。　③尽：消失。　④穷：尽，使达到极点。　⑤千里目：眼界宽阔。

【译文】

夕阳依傍着西山慢慢地沉没，滔滔黄河朝着东海汹涌奔流。若想把千里的风光景物看够，那就要登上更高的一层城楼。

(6) 飞来峰①上千寻塔②，闻说鸡鸣见日升。不畏浮云遮望眼③，只缘④身在最高层。

(王安石《登飞来峰》)

【注释】①飞来峰：一说在浙江绍兴城外的林山。　②千寻塔：寻，古时长度单位，八尺为寻；很高很高的塔。　③浮云遮望眼：在山间浮动的云雾遮住了视线。　④缘：因为。

【译文】

飞来峰顶有座高耸入云的塔，听说鸡鸣时分可以看见旭日升起。不怕层层浮云遮住我那远眺的视野，只因为我站在飞来峰顶，登高望远心胸宽广。

思考与练习

1. 你能不能说说什么样的人才能算是眼界宽的人？

97

2. 通过本课的学习，你以为怎样才能开阔自己的眼界呢？
3. 讨论一下，人的眼界高低与哪些因素有关。

国学常识链接
四大发明　中医经络、穴位

二十一、担当

学习提示

"担当"在汉语词典中解释为：担负、承担。我国古代诸子百家都很重视担当精神的传承，并在长期的历史发展中形成了较有影响的担当观。但"担当"最基本的意思还是"接受并负起责任"，突出表现为对国家、民族命运之强烈的责任意识，以及深沉的忧患意识、君子人格、乐于奉献等精神理念。时至今日，这种精神对同学们仍然具有一定的启发作用，值得借鉴与传承。

正文

（1）曰："滔滔者天下皆是也①，而谁以易之②？且而与其从辟人之士③也，岂若从辟世之士哉④？"耰而不辍⑤。子路行以告。夫子怃然曰："鸟兽不可与同群⑥，吾非斯人之徒与而谁与⑦？天下有道⑧，丘不与易也。"

（《论语·微子》）

子路宿于石门⑨。晨门⑩曰："奚自？"子路曰："自孔氏。"曰："是知其不可而为之者与？"

（《论语·宪问》）

【注释】①滔滔者天下皆是也：滔滔，大水奔流的样子，形容局势混乱到了极点；天下到处都像洪水一样混乱的情形。　②而谁以易之：而，通"尔"；谁以，犹言"与谁"，以，与；易，改变；你与谁改变它。　③辟人之士：辟，通"避"；孔子常常躲避与自己志趣不合的人。　④岂若从辟世之士哉：岂若，怎么比得上；怎么比得上跟随出世隐居的人呢？　⑤耰而不辍：耰，音yōu，下种后用土盖平；辍，停止；不停地往种子上盖土。⑥鸟兽不可与同群：不可以跟鸟兽同群。山林多鸟兽，隐居山林就会和鸟兽同群，孔子的意思是不愿隐居。　⑦吾非斯人之徒与而谁与：我不跟这世间众生在一起，又跟谁在一起呢？　⑧有道：政治清明有德政。　⑨石门：鲁国都城曲阜外城的城门。　⑩晨门：早晨看守城门的人。

【译文】

（桀溺）说："天下已乱，好像滔滔的洪水，到处都是。你与谁改变它呢？你与其跟着一个躲避与自己志趣不合的人，还不如跟着我们这些避世隐居的人呢！"说完，不停地往种子上盖土。子路回来把这些告诉孔子。孔子失望地叹息说："我们既然无法跟鸟兽在一起，若不跟天下人在一起又跟谁在一起呢？（如果）天下政治清明有德政，我就不会和你们一起来改变社会了。"

子路在石门歇了一夜。（第二天早晨进城时）看城门的人问："你从哪里来？"子路回答说："从孔子那里来。"看城门的人说："就是那个知道（推行自己主张）不会成功却还要努力去推行的人吗？"

（2）孟子去齐，充虞①路问曰："夫子若有不豫②色然。前日虞闻诸夫子曰：'君子不怨天，不尤人③。'"曰："彼一时，此一时也。五百年必有王者兴，其间必有名世者④。由周而来，七百有余岁矣。以其数，则过矣；以其时考之，则可矣。夫天未欲平治天下也；如欲平治天下，当今之世，舍我其谁也？吾何为不豫哉？"

（《孟子·公孙丑下》）

【注释】 ①充虞：孟子弟子。 ②豫：快乐，愉快。 ③尤人：尤，责备，怪罪；责怪人。 ④名世者：指道德修养声望闻名于世的人。

【译文】

孟子离开齐国，充虞在路上问（他）说："看样子您好像有些不痛快。以前我曾经听到您讲过：'君子不该抱怨天，不该责怪人。'"（孟子回答）说："当时是当时，现在是现在。（历史上）每过五百年，必定有圣君兴起，其中还必定有声望很高的辅佐者。从周（武王）至今，已有七百多年了。算年头，已经超过（五百年了）；按时势（需要）而论，也该是可以有作为之时。（只是）老天还不想让天下太平，如果要使天下太平，面临今天这样的形势，除开我以外，还会有谁？我为什么不痛快呢？"

（3）曾子曰："士不可以不弘毅①，任重而道远。仁以为己任，不亦重乎？

死而后已,不亦远乎?"

(《论语·泰伯》)

子张曰:"士见危致命②,见得思义,祭思敬,丧思哀,其可已矣。"

(《论语·子张》)

【注释】①弘毅:宽宏大量,刚强坚忍。 ②致命:献出生命,拼死。

【译文】

曾子说:"读书人不可以不心胸宽广大度,意志刚强坚忍,因为他重任在身而路程遥远。把实现仁当作自己的责任,负担不也是很沉重的吗?死了以后才停止,路程不也是遥远的吗?"

子张说:"读书人遇见危难时便肯献出生命,遇到有利可得时便考虑是否应该得,祭祀时要想到严肃恭敬,居丧时要想到悲痛哀伤,那样也就可以了。"

(4)男儿何不带吴钩①,收取关山五十州②。请君暂上凌烟阁③,若④个书生万户侯。

(李贺《南园十三首·其五》)

【注释】①吴钩:春秋时期流行的吴地出产的弯形的刀,以青铜铸成,是冷兵器的典范;后成为驰骋疆场、励志报国的精神象征。 ②关山五十州:关山,关隘和山川;指当时藩镇割据、中央不能掌管的地区。 ③凌烟阁:是唐朝为表扬功臣而建造的绘有功臣图像的高阁。 ④若:怎么,哪里。

【译文】

男子汉大丈夫为什么不带上锋利的吴钩,去收复那黄河南北割据的关山五十州?请你且登上那画有开国功臣的凌烟阁去看,又有哪一个书生能被册封为食邑万户的列侯?

(5)病骨支离①纱帽宽,孤臣万里客江干②。位卑未敢忘忧国,事定犹须待阖棺③。天地神灵扶庙社④,京华父老望和銮⑤。出师一表通今古,夜半挑灯更细看。

(陆游《病起书怀》)

【注释】①支离：瘦弱，衰弱。 ②江干：江边。 ③阖棺：阖，音hé，盖棺，指死亡。 ④庙社：宗庙社稷，指国家朝廷。 ⑤和銮：天子的车驾。

【译文】

病体虚弱消瘦，以致头上的纱帽也显得宽大了，孤单一人客居万里之外的成都江边。虽然（自己）地位低微，却从未敢忘记忧国忧民的责任，但是能否实现祖国统一的理想，恐怕只有在我死后才能盖棺定论。希望天地神灵保佑国家社稷，北方百姓都在日夜企盼着君主御驾亲征收复失落的河山。诸葛孔明的传世名作《出师表》忠义之气万古流芳，深夜难眠，还是挑灯细细品读吧。

(6) 天下兴亡，匹夫①有责。

(顾炎武《日知录·正始》)

【注释】①匹夫：古代指平民中的男子，亦泛指平民百姓。

【译文】

国家的兴盛存亡，即使是地位低贱的普通百姓都负有责任。

(7) 力微任重久神疲，再竭衰庸①定不支。苟利国家生死以②，岂因祸福避趋之。

(林则徐《赴戍登程口占示家人》)

【注释】①衰庸：意近"衰朽"，衰老而无能，这里是自谦之词。 ②生死以：以，用，去做；生死以，是介宾结构"以生死（'生死'实际是偏义复词，'死'的意思）"的倒装，把宾语"生死"提到介词"以"的前面；直译是"用牺牲自己的生命（去换取）"。

【译文】

能力低微而肩负重任，早已感到精疲力尽。一再担当重任，以我衰老之躯，平庸之才，是定然不能支撑。如果对国家有利，我将不顾生死。难道能因为有祸就躲避、有福就上前迎受吗？

思考与练习

1. 你还知道哪些名人敢于担当的故事呢？

2. 背诵并默写选文（3）（4）（5）（7）。

3. 读了以上的经典古文，你愿意做一个有担当的人吗？能结合具体的事例说说吗？

国学活动建议

孔子周游列国　神话传说二（盘古开天地、大禹治水、夸父追日、后羿射日）　汉字书写四（毛笔书法入门之三、四）

二十二、格局（胸怀）

学习提示

这里讲的"格局"不是《现代汉语词典》中通常解释的格式、布局或者局势、态势，而是指一个人的眼光、见识、气度、胸怀，实际上它是世界观的另一种描述。所谓格局大，实际上是说这人的眼界宽，见识多，气度大，胸怀广。因此，一个人格局的大小往往决定了他所成就的事业的大小。我们的祖先虽然没有用"格局"这个词，但是在先秦诸子（尤其是庄子）著作中，有很多类似的论述。我们若要从中吸取有益的启示，就必须用心学习与体会，从而提高我们的格局。

正文

（1）任公子为大钩巨缁①，五十犗②以为饵，蹲乎会稽，投竿东海，旦旦而钓，期年③不得鱼。已而大鱼食之，牵巨钩，䎉④没而下，骛扬而奋鬐⑤，白波若山，海水震荡，声侔鬼神⑥，惮赫⑦千里。任公子得若鱼，离而腊之⑧，自制河以东，苍梧已北⑨，莫不厌若鱼⑩者。已而后世辁才讽说之徒⑪，皆惊而相告也。夫揭竿累⑫，趣灌渎⑬，守鲵鲋⑭，其于得大鱼难矣！饰小说以干县令，其于大达亦远⑮矣！是以未尝闻任氏之风俗，其不可与经于世亦远矣⑯！

（《庄子·外物》）

【注释】①巨缁：大的黑绳子。 ②犗：音 jiè，阉割过的牛。 ③期年：期，音 jī；一周年。 ④䎉：通"陷"。 ⑤骛扬而奋鬐：鬐，通"鳍"；奔驰簸荡，而展开鱼鳍。 ⑥声侔鬼神：侔，音 móu，相等，齐；声音响亮可怕得像鬼神一样。 ⑦惮赫：威震。 ⑧离而腊之：离，指剖开；腊，干肉，这里用作动词，制成干肉；剖开制成鱼肉干。 ⑨苍梧已北：苍梧，山名，又名九嶷山，舜葬身之地；已，同"以"；即苍梧山以北。 ⑩莫不厌若鱼：没有谁不曾饱食这条鱼的。 ⑪辁才讽说之徒：辁，形容浅薄、小；讽说，传说、道听途说；指才能小的道听途说之辈。　⑫揭竿累：揭，高举；累，指纶，钓鱼竿上的丝线；高举小钓竿、细钓绳。　⑬趣灌渎：趣，通"趋"，趋向，奔向；奔向灌溉的沟渠。⑭鲵鲋：音 ní fù，指小鱼。　⑮饰小说以干县令，其于大达亦远：小说，指偏颇琐屑的言论；干，音 gān，请求；达，显贵；粉饰肤浅小语来游说一县之长，这样对于获得很贤达的地位来说也差得太远了！　⑯是以未尝闻任氏之风俗，其不可与经于世亦远矣：所以没听说过任氏钓鱼的风俗（或传闻），那就不可以参与管理世事，还差得远呢！

【译文】

任公子做了巨大的钓鱼钩与巨大的黑色钓鱼绳，用五十头阉割过的牛做钓饵，蹲在会稽山上，把鱼竿投向东海，天天在那里钓鱼，一年过去了却没有钓到一条鱼。可不久就有一条大鱼吞没了那鱼饵，牵动着巨大的鱼钩，陷没向深水里游去，它奔驰簸荡而展开鱼鳍，激起的白色波浪像山一样，东海的水震动了，发出像鬼神一样响亮可怕的声音，威震千里。任公子钓到了这条鱼，剖开它做成干肉，从制河（即钱塘江）往东，九嶷山往北，没有谁不饱食这条鱼的。旋即后世那些才能浅薄的道听途说之辈，都十分惊讶而奔走相告。那些高举小钓竿、细钓绳，奔向那灌溉的沟渠，守着那小鱼儿，这对钓得大鱼来说太难了！粉饰肤浅小语来游说一县之长，这对于获得很显达的地位来说也差得太远了！所以没听说过任氏钓鱼的风俗（或传闻），那就不可以参与管理世事，还差得远呢！

(2) 穷发①之北，有冥海②者，天池也。有鱼焉，其广数千里，未有知其修③者，其名为鲲。有鸟焉，其名为鹏，背若泰山，翼若垂天之云，抟扶摇羊角而上④者九万里，绝⑤云气，负青天，然后图南，且适南冥⑥也。斥鷃⑦笑之曰："彼且奚适也⑧？我腾跃而上，不过数仞而下，翱翔蓬蒿⑨之间，此亦飞之至也。而彼且奚适也？"此小大之辩⑩也。

(《庄子·逍遥游》)

【注释】①穷发：发，音 fà，草木；不毛之地。　②冥海：即溟海，大海。　③修：长。　④抟扶摇羊角而上：抟，集聚；扶摇，暴风由下向上升腾；羊角，指羊角状弯曲而上行的旋风；指鹏鸟鼓动翅膀，积聚风力，乘风上飞。　⑤绝：穿越。　⑥且适南冥：且，将要；适，前往；将要前往南海。 ⑦斥鴳：一种小鸟雀。 ⑧彼且奚适也：奚，什么（地方）；它将要飞往什么地方啊？ ⑨蓬蒿：草名。 ⑩辩：通"辨"，分（区）别。

【译文】

  不毛之地的北面，有一个大海，是天然形成的池子。这海里面有一条鱼，它的宽度有几千里，不曾有谁知道它的长度，它的名字叫鲲。这海里面有一只鸟，它的名字叫鹏，背像泰山，翅膀像垂落于天边的云，它鼓动翅膀集聚由下而上升腾的暴风或者羊角状弯曲而上行的旋风之力，直上九万里的高空，穿越云气，背负青天，然后图谋飞向南方，将要前往南海。斥鴳这种小鸟雀笑它说："它将要飞往什么地方啊？我升腾而上，不过几丈就落下来了，在蓬蒿丛中飞行或盘旋，这也就是我飞翔的极限了。可它将要飞往什么地方呢？"这就是小和大的分别。

  (3) 肩吾问于连叔①曰："吾闻言于接舆，大而无当，往而不返②。吾惊怖其言，犹河汉而无极③也，大有径庭，不近人情焉④。"连叔曰："其言谓何哉？"曰："'藐姑射之山⑤，有神人居焉，肌肤若冰雪，绰约若处子⑥；不食五谷，吸风饮露；乘云气，御飞龙，而游乎四海之外。其神凝，使物不疵疠而年谷熟⑦。'吾以是狂而不信也⑧。"连叔曰："然！瞽者无以与乎文章之观，聋者无以与乎钟鼓之声⑨。岂唯形骸有聋盲哉？夫知⑩亦有之。是其言也，犹时女也⑪。之人也，之德也，将旁礴万物以为一⑫，世蕲乎乱，孰弊弊焉以天下为事⑬！之人也，物莫之伤，大浸稽天而溺，大旱金石流、土山焦而不热⑭。是其尘垢秕糠，将犹陶铸尧、舜者也⑮，孰肯分分然以物为事⑯！"

（《庄子·逍遥游》）

【注释】①肩吾、连叔：都是寓言中的人物。 ②吾闻言于接舆，大而无当，往而不返：接舆，原本楚国隐士，这里充当寓言人物；我听接舆谈话，他的话很大却不适用，说开去就收不回来。 ③极：边际。 ④大有径庭，不近人情焉：径，门外的路；庭，堂阶前的地坪；跟人之常情差得太远，太不近人情了。 ⑤藐姑射之山：藐，通"邈"，远；在遥远的一座名叫姑射的山上。 ⑥绰约若处子：绰约，形容体态美好；体态优美就像处女一样。 ⑦其神凝，使物不疵疠而年谷熟：疵疠，音cī lì，灾害、疾疫；他们精神专注时，

二十二、格局（胸怀）

就能使人或物不生灾害疾病，而谷物丰熟。　⑧吾以是狂而不信也：狂，通"诳"，欺骗；我认为这些话骗人，不真实。　⑨瞽者无以与乎文章之观，聋者无以与乎钟鼓之声：瞽，瞎眼；聋，丧失听觉能力；瞎子没法参与欣赏错综华美的色彩以及花纹等景象，聋子没法参与欣赏钟与鼓等乐器演奏的音乐。　⑩知：通"智"，智慧。　⑪是其言也，犹时女也：时，借作"之"，语助词，无实义；女，通"汝"，你；这话说的好比就是你啊。　⑫将旁礴万物以为一：旁礴，即"磅礴"，广大无边的，广被的；将容纳万物而成为一体。　⑬世蕲乎乱，孰弊弊焉以天下为事：蕲，通"祈"，祈求；乱，治理；弊弊焉，即弊弊然，辛苦经营的样子；世人祈求天下大治，他们谁辛辛苦苦把经营天下当回事。　⑭大浸稽天而不溺，大旱金石流、土山焦而不热：浸，水；稽，至、到；大水到天也淹不到他，大旱使金属、石头成为液体而流动、土山被烧焦也热不到他。　⑮是其尘垢粃糠，将犹陶铸尧、舜者也：粃糠，瘪谷和米糠，比喻没有价值或无用的东西；这些人，他们身上的尘土和其他没有价值的东西尚且能熔铸成尧和舜。　⑯孰肯分分然以物为事：分分，通"纷纷"；谁肯纷纷扰扰把俗物当回事。

【译文】

肩吾问连叔说："我从接舆那里听到一些话，（总感觉）这些话很大却不适用，说开去就收不回来。我对他的话感到惊讶、恐惧，（因为他的话）就像天河一样没有边际，跟人之常情差得太远，太不近人情了。"连叔说："他说了什么话呢（或：那话是什么呢）？"肩吾回答："他说：'在很远的地方，有一座名叫姑射的山，有神人住在那里。那神人的肌肤像冰雪一样白皙，体态像处女一样优美。他们不吃五谷杂粮，（只）吸清风喝甘露，乘着气，驾着飞龙，遨游于四海之外。他们精神专注时，（就可以）使人或物不生灾害疾病，而谷物丰熟。'我认为这些话骗人，不真实。"连叔说："对啊！瞎子没法参与欣赏错综华美的色彩以及各种物的花纹，聋子没法参与欣赏钟与鼓等乐器演奏的音乐。难道只是形体有聋、盲等缺陷吗？那智慧也有这样的缺陷。这话啊说的好像就是你吧。（接舆说的）这种神人，这种德行，将广泛容纳宇宙万物而成为一体，世人祈求（人世）天下大治，他们谁会辛辛苦苦把经营（人世）天下当回事？这些神人，没有什么东西能够伤害到他，大水到天也淹不到他，大旱让金属石头成为流动的液体、土山被烧焦也热不到他。这些神人，他们身上的尘土污垢以及其他没有价值的东西尚且能熔铸成尧和舜，谁肯纷

107

纷扰扰把（人世上的俗）物当回事呢？"

（4）（坎井之蛙）谓东海之鳖曰："吾乐与①！出跳梁乎井干之上，入休乎缺甃之崖②；赴水则接腋持颐③，蹶泥则没足灭跗④。还视虷蟹与蝌蚪，莫吾能若也⑤！且夫擅一壑之水，而跨跱坎井之乐，此亦至矣⑥。夫子奚不时来入观乎？"东海之鳖左足未入，而右膝已絷⑦矣。于是逡巡而却⑧，告之海⑨曰："夫千里之远，不足以举⑩其大，千仞之高，不足以极⑪其深。禹之时，十年九潦⑫，而水弗为加益；汤之时，八年七旱，而崖不为加损。夫不为顷久推移、不以多少进退者，此亦东海之大乐也⑬！"于是坎井之蛙闻之，适适然⑭惊，规规然⑮自失也。

（《庄子·秋水》）

【注释】①吾乐与：与，通"欤"，语气词；我太快乐了。 ②出跳梁乎井干之上，入休乎缺甃之崖：跳梁，同"跳踉"，腾越跳动；干，井上的栏圈；甃，音zhòu，用砖瓦砌的井壁；出来就在井栏圈上跳跃，进去就在井壁破瓦上休息。 ③接腋持颐：颐，下巴；（井水就）浮着我的两腋，托着我的下巴。 ④蹶泥则没足灭跗：蹶，音jué，踏；跗，音fū，脚背；踏在井底的泥巴上，泥巴就盖没了我的脚背。 ⑤还视虷蟹与蝌蚪，莫吾能若也：虷，音hán，蚊虫的幼虫，即孑孓；回头看看井中的孑孓、蟹、蝌蚪，没有谁能像我这样啊。 ⑥且夫擅一壑之水，而跨跱坎井之乐，此亦至矣：擅，占有，据有；跱，站立；况且占据一沟水，跳跃或站立在浅井中的快乐，这也是快乐的极点了。 ⑦絷：音zhí，绊。 ⑧逡巡而却：逡巡，因为有所顾虑而徘徊不前；却，退；徘徊不前退了回去。 ⑨告之海：即以海告知，把大海的情形告诉它。 ⑩举：全，尽。 ⑪极：穷尽。 ⑫潦：雨水盛大的样子。 ⑬夫不为顷久推移、不以多少进退者，此亦东海之大乐也：推移，变化发展；不因为时间短长而改变，不因为雨水多少而增减，这就是生活在东海的大快乐。 ⑭适适然：恐惧的样子。 ⑮规规然：惘然自失的样子。

【译文】

（生活在浅井里的青蛙）对东海的鳖说："我多么快乐啊！出去玩玩，就在井栏圈上跳跃，进去就在井壁破砖瓦上休息。进入井水中，井水就浮着我的两腋，托着我的下巴。踏在井底的泥巴上，泥巴就盖没了我的脚背。回头看看井中的孑孓、蟹、蝌蚪，没有谁能像我这样啊。况且占据一沟水，跳跃或站立在浅井中的快乐,这也是快乐的极点了。先生为什么不时常进来看看呢?"东海的鳖左脚还没踏进井中,右脚就给(井壁)绊住了。于是因为有所顾虑而徘徊不前,退了回去,还把大海的景象告诉青蛙说:"(海太大了!)千里之远,也不能够形容海的辽阔;千仞之高,也不能够穷尽它的深邃。大禹的时候,十年有九年发大水,可是海水没有因此显得更多;商汤时,八年有七年干旱,可是海水的边沿没有因此退缩得更远。(永恒的大海啊,)不因为时间短长而改变,不因为雨水多少而增减,这就是生活在东海的大快乐啊!"浅井的青蛙听了,显得很恐惧的样子,惘然若失。

思考与练习

1. 查找形容格局大的人的相关成语。
2. 开放的胸怀意味着什么?从生活中的实例出发谈一谈你的想法。
3. 查找梁思成保护古建筑的故事,自己读一读。

国学常识链接

古代爵位(公侯伯子男)　　阴阳与山水

二十三、言行

学习提示

语言与行为都表达着一个人内心的想法,尽管我们都希望能够言行一致,但二者有时并不那么协调。那么究竟应该把握怎样的分寸控制一个人的言与行呢?是言大于行呢还是行快于言?即使在提倡展示自我个性的今天,学学古人关于言行的理解与教诲,意义还是相当大的。它必定有助于我们在言行矛盾时做出正确的选择。

正文

(1) 子曰:"君子欲讷[1]于言,而敏于行。"

(《论语·里仁》)

子曰:"其言之不怍[2],则为之也难。"

(《论语·宪问》)

【注释】[1]讷:口钝,这里指不轻易说话。 [2]怍:惭愧。

【译文】

孔子说:"君子说话时要谨慎,而做事时要闻风而动。"

孔子说:"(如果)一个人大言不惭,那么,要实践他的话一定是很困难的。"

(2) 故大人[1]不倡游言[2]。可言也,不可行,君子弗言也。可行也,不可言,君子弗行也。

(《礼记·缁衣》)

【注释】[1]大人:此指德行高尚、志趣高远的人。 [2]游言:游,虚浮不实;浮夸不实的言论。

二十三、言行

【译文】

所以，德行高尚、志趣高远的人不倡导说话虚浮不实。可以说出来，但是做不到的，君子就不会说。可以做到，但是不能说出来的，君子就不会去做。

(3) 无始祸①，无怙乱②，无重怒。重怒难任，陵③人不祥。

(《左传·僖公十五年》)

【注释】①无始祸：始，谋划；不要制造动乱。　②怙乱：怙，依仗，凭借；乘乱取利。　③陵：同"凌"，凌辱。

【译文】

不能带头制造祸乱，不能依靠别人祸乱来求利，不能多次激怒别人。多次激怒别人，（致使别人奋起抗争）那后果难以担当；欺凌别人，就会给自己带来不祥的后果。

(4) 子禽问曰："多言有益乎？"墨子曰："蛤蟆蛙蝇，日夜恒①鸣，口干舌擗②，然而不听。今观晨鸡，时夜而鸣③，天下振动。多言何益？唯其言之时也。"

(《墨子·墨子后语》)

【注释】①恒：常常。　②擗：同"敝"，困，疲劳。　③时夜而鸣：时，适时，按时；（在黎明）按时啼叫。

【译文】

子禽向老师请教："多说话有好处吗？"墨子回答说："蛤蟆蛙蝇，白天黑夜不停地鸣叫，叫得口干舌燥，然而人们却不听它们的。现在看看那雄鸡，在黎明拂晓按时啼叫，惊醒天下生灵，纷纷振作行动起来。多说话有什么好处呢？只有在切合时机的情况下说话才有用。"

(5) 狗不以善吠为良，人不以善言为贤。

(《庄子·徐无鬼》)

111

【译文】

狗不因为很会叫就认为它是好狗，人不因为能说会道就认为他是贤人。

(6) 人有不为也，而后可以有为①。

(《孟子·离娄下》)

【注释】①不为、有为：朱熹注引《程子》曰："有不为，知所择也。唯能有不为，是以可以有为；无所不为者，安能有所为邪？"

【译文】

一个人要有所不为，然后才能达到有所为。

(7) 今农夫祁寒暑雨①播种五谷，吾得而食之。百工技艺作为器物，吾得而用之。介胄之士②披坚执锐以守土宇，吾得而安之。若无功泽及人而浪度岁月③，晏然④为天地间一蠹⑤耳。

(程颐《二程遗书·卷十七》)

【注释】①祁寒暑雨：祁寒：大寒；大寒湿热的天气。 ②介胄之士：介，甲衣；胄，头盔；军人。 ③若无功泽及人而浪度岁月：泽，恩泽、恩惠；浪，空，徒然、白白地；如果没有功绩恩泽及他人而空度岁月。 ④晏然：迟迟，迟缓的样子。 ⑤蠹：蛀虫。

【译文】

现在农民在寒冷湿热的天气播种五谷，我们得以食用它。各种工匠凭借技艺打造了许多器物，我们得以使用它。军人穿甲衣戴头盔拿着锐利的武器守护着土地住宅，我们得以安居。如果没有功绩恩泽惠及他人而空度岁月，便是天地间一只慵懒迟缓的蛀虫罢了。

(8) 子曰："群居终日，言不及义，好行小慧①，难矣哉②！"

(《论语·卫灵公》)

故君子名③之必可言也，言之必可行也。君子于其言，无所苟④而已矣。

(《论语·子路》)

始吾于人也，听其言而信其行；今吾于人也，听其言而观其行。

（《论语·公冶长》）

【注释】①小慧：小聪明。投机取巧、行险侥幸的小聪明，对于德行修养反而有害。②难矣哉：难以进德有成。　③名：给……命名。　④苟：苟且，随便。

【译文】

孔子说："整天和大家在一起，说的话却没有一句合乎道理的正经话，只喜欢耍小聪明，这种人实在难以造就了。"

所以君子凡用一个名号，一定要名实相符，可以说得出来，说出来的话一定行得通。君子对于自己说的话，是从不马虎的。

起初，我对于人，听了他说的话，就相信他做的事；今天，我对于人，听了他说的话，还要观察他做的事。

(9) 欲人勿知，莫若勿为；欲人无闻，莫若勿言。

（《说苑·谈丛》）

【译文】

如果不想让别人知道，最好的就是不去做。如果不想让别人听到，最好的莫过于不说了。

思考与练习

1. 孔子及其弟子认为"言"和"行"所遵循的原则是什么？
2. 言行的最高境界是什么？
3. 对一个人的言行的判断，应当怎样才是明智的？

国学活动建议

围棋入门一（棋盘棋子、目和气、棋子的连接和分断、围棋的禁入点和劫）

二十四、交游

学习提示

《管子·权修》曰:"观其交游,则其贤不肖可察也。"可见朋友的影响力非常大,大到可以潜移默化地影响甚至改变你的一生。你能走多远,在于你与谁同行,和优秀的人接触,你就会受到他们良好的影响。如果你的朋友是积极向上的人,你就可能成为积极向上的人;假如你老是跟同一群人做同样的事情,你的成长显然是有限的。因此和什么样的人交朋友,是一个很值得我们严肃认真思考和对待的问题。

正文

(1) 近朱者赤,近墨者黑。声和则响①清,形正则影直。

(傅玄《太子少傅箴》)

【注释】①响:声音。

【译文】

靠近朱砂的就变红,靠近黑墨的就变黑。声调和谐响声就清越,身形端正影子就挺直。

(2) 蓬生麻中,不扶而直。白沙在涅①,与之俱黑。兰槐之根是为芷②,其渐之滫③,君子不近,庶人不服,其质非不美也,所渐者然也。故君子居必择乡,游④必就士,所以防邪僻而近中正也。

(《荀子·劝学》)

【注释】①涅:黑泥。 ②兰槐之根是为芷:兰槐,香草名,古人称其苗为兰,其根为芷;兰槐的根,就是香芷。 ③其渐之滫:渐,浸润、浸渍;滫,音 xiǔ,已酸臭的淘米水;把它浸在臭水里。 ④游:交游,交往。

二十四、交游

【译文】

蓬草生长在大麻中间，不用扶就能长得挺直；白沙混在黑泥里，便和黑泥一起变成了黑色。兰槐的根，就是香芷，把它浸在臭水里，君子不会接近，老百姓也不会佩戴，它的本质并非不好，而是浸入臭水使它变这样的。因此，君子定居一定要选择好的地方，交往一定要接近有道德学问的人，这是防止邪恶乖僻的习染，逐渐培养中庸正直品德的方法。

（3）孔子曰："益者三友，损者三友。友直，友谅①，友多闻，益矣。友便辟②，友善柔③，友便佞④，损矣。"

（《论语·季氏》）

子曰："君子成人之美，不成人之恶。小人反是。"

（《论语·颜渊》）

【注释】①谅：信，诚实。　②便辟：谄媚逢迎。　③善柔：表面奉承而背后诽谤人。　④便佞：善于花言巧语。

【译文】

孔子说："有益的朋友有三种，有害的朋友有三种。与正直的人交朋友，与诚实的人交朋友，与广闻博见的人交朋友，是有益处的。与善于谄媚逢迎的人交朋友，与两面三刀的人交朋友，与善于花言巧语的人交朋友，是有害处的。"

孔子说："君子成全别人的好事，不帮助别人做坏事。小人则和这相反。"

（4）子夏之门人问交于子张。子张曰："子夏云何？"对曰："子夏曰：'可者与之，其不可者拒之。'"子张曰："异乎吾所闻：君子尊贤而容众①，嘉善而矜不能②。我之大贤与，于人何所不容？我之不贤与，人将拒我，如之何其拒人也？"

（《论语·子张》）

司马牛忧曰："人皆有兄弟，我独亡③。"子夏曰："商闻之矣：'死生有命，富贵在天。'君子敬④而无失，与人恭而有礼，四海之内皆兄弟也。君子何患乎无兄弟也?"

子贡问友。子曰:"忠告而善道⑤之,不可则止,毋自辱焉。"

曾子曰:"君子以文会友,以友辅仁⑥。"

(《论语·颜渊》)

【注释】①众:普通人。 ②嘉善而矜不能:赞美善人,同情能力差的人。 ③亡:没有。 ④敬:严肃、慎重地对待。 ⑤道:通"导",开导,引导。 ⑥辅仁:培养仁德。

【译文】

子夏的学生向子张请教怎样交朋友。子张问道:"子夏是怎么说的?"回答道:"子夏说:'可以交往的就和他交朋友,不可以交往的就拒绝他。'"子张说:"这和我所听到的不一样:君子既尊重贤人,也能够容纳普通人;能够赞美善人,也能同情能力差的人。如果我是十分贤明的人,那我对别人有什么不能容纳的呢?我如果不贤明,别人将会拒绝我,我怎么能去拒绝别人呢?"

司马牛忧愁地说:"别人都有兄弟,唯独我没有。"子夏说:"我听说过:'生死由命运主宰,富贵由上天决定。'君子只要做事严肃认真而且没有什么过失,待人谦恭而有礼貌,那么,天下的人都是自己的兄弟。君子又担心什么没有兄弟呢?"

子贡问怎样对待朋友。孔子说:"(朋友有过失,)要诚心诚意地劝告他,耐心地开导他向善。朋友要是不接受劝导就算了,不要自讨羞辱。"

曾子说:"君子用文章学问来结交、聚合朋友,用朋友的帮助来培养自己的仁德。"

(5)万章问曰:"敢问友?"孟子曰:"不挟①长,不挟贵,不挟兄弟而友。友也者,友其德也,不可以有挟也。"

《孟子·万章下》

【注释】①挟:倚仗。

【译文】

万章问道:"斗胆请教交朋友的问题。"孟子回答说:"不倚仗岁数大,不倚仗地位尊,不凭借兄弟的富贵而去交友。交朋友,交的是品德,不能有任何倚仗的因素。"

(6) 且君子之交淡若水,小人之交甘若醴①;君子淡以亲,小人甘以绝。彼无故以合者,则无故以离。

(《庄子·山木》)

【注释】 ①醴:甜酒。

【译文】

而且君子的交谊淡得像清水一样,小人的交情甜得像甜酒一样;君子淡泊却心地亲近,小人甘甜却恩断义绝。那些无缘无故而接近相合的,就一定也会无缘无故地离散。

(7) 礼义廉耻,可以律①己,不可以绳②人。律己则寡过,绳人则寡合③,寡合则非涉世之道。故君子责己,小人责人。

(曾国藩《省心录》)

【注释】 ①律:约束。 ②绳:衡量。 ③合:结合,和睦。

【译文】

礼、义、廉、耻,可以用来约束自己,不可用来衡量要求别人。(用来)约束自己就能少犯错误,(用来)衡量要求别人就难以与人和睦合作,难以与人和睦合作就不符合处世之道。所以君子只严格要求自己,小人却对别人求全责备。

(8) 观其交游,则其贤不肖①可察也。

(《管子·权修》)

【注释】 ①贤不肖:贤,有才德;不肖,不成器、没出息;有才德还是没出息。

【译文】

观察他所交往的是些什么人,那么他是有才德还是没出息,就可以看清楚了。

(9) 来说是非者,便是是非人。

（《增广贤文》）

【译文】

过来和你说他人是非的人,(他自己)就是一个搬弄是非的人。

(10) 与善人居,如入兰芷①之室,久而不闻其香,则与之化矣。与恶人居,如入鲍鱼之肆②,久而不闻其臭,亦与之化矣。

（《说苑》）

【注释】 ①兰芷:即兰草与白芷,都是古代香草。 ②鲍鱼之肆:卖腌鱼的店铺。

【译文】

与好人住在一起,就如同进入放着兰与芷等香草的房屋,时间长了就闻不到兰芷的香味,这是因为自己与它们化为一体了。与坏人居住在一起,就如同进入卖腌鱼的店铺,时间长了也就闻不到那腌鱼的臭味了,这也是因为自己与它们化为一体了。

思考与练习

1. 学习了本课,你对交友有哪些新的认识?
2. 你希望自己成为别人怎样的朋友?
3. 你会担心自己没有朋友吗?如果有此担心,你要怎么做呢?

国学常识链接

汉字七体（甲金篆隶草楷行）辨识　电脑五笔输入法　五笔字根

二十五、尊生

学习提示

世间万物，人的生命无疑是最宝贵的。所以不管什么时候，我们都应当珍惜生命，这不仅是因为生命属于你自己，还因为生命是父母赠予我们的最珍贵的礼物。我们不仅要珍惜自己的生命，还要珍惜他人的生命。只是怎样才算是真正珍惜自己与他人的生命呢？庄子及其后学们的阐述一定会给予我们有益的启示。

正文

（1）匠石之齐，至于曲辕，见栎社树①。其大蔽数千牛，絜之百围②；其高临山，十仞而后有枝，其可以为舟者旁③十数。观者如市，匠伯不顾，遂行不辍。弟子厌观之，走及匠石，曰："自吾执斧以随夫子，未尝见材如此其美也。先生不肯视，行不辍，何邪？"曰："已矣，勿言之矣！散木也，以为舟则沈，以为棺椁则速腐，以为器则速毁，以为门户则液樠，以为柱则蠹④。是不材之木也无所可用，故能若是之寿。"

匠石归，栎社见梦曰："女将恶乎比予哉？若将比予于文木邪⑤？夫柤梨橘柚果蓏之属⑥，实熟则剥，剥则辱；大枝折，小枝泄⑦。此以其能苦其生者也，故不终其天年而中道夭，自掊击⑧于世俗者也。物莫不若是。且予求无所用久矣，几死，乃今得之，为予大用。使予也而有用，且得有此大也邪？且也若与予也皆物也，奈何哉其相物也⑨？而几死之散人，又恶知散木⑩！"

（《庄子·人间世》）

【注释】①栎社树：被人当作土神祭祀的栎树。 ②絜：音 xié，用绳度量围长。围：指两臂合拱的长度。 ③旁：大约。 ④散木也，以为舟则沈，以为棺椁则速腐，以为器则速毁，以为门户则液樠，以为柱则蠹：沈，没入水中；樠，音 mán，溢出的样子；不成材的树木，拿它做船，很快就会沉没；拿它做棺材、套棺（套在棺材外面的大棺），很快就会腐烂；拿它做器具，很快就会毁坏；拿它做门，很快就会流出污浊的液体；拿它做柱子，很快就会被虫蛀坏。　⑤女将恶乎比予哉？若将比予于文木邪：文木，可用之木；你拿什么和我比，你要把我和有用的树林相比吗？　⑥夫柤梨橘柚果蓏之属：柤，音 zhā，同"楂"，山楂；果蓏，蓏，音 luǒ，瓜果的总称；山楂树、梨树、橘树、柚子树等瓜果之类。⑦实熟则剥，剥则辱；大枝折，小枝泄：剥，通"扑"，击打；辱，挫，挫伤；泄，通"抴"，拖，用力拉；果子成熟了就遭受击打，遭受击打就被挫伤，大的枝子折断了，小的枝子被用力拖来拖去。　⑧掊击：打击。　⑨且也若与予也皆物也，奈何哉其相物也：况且我跟你都是物，怎么一定要对方成为自己的物呢（意即期求对方成为自己的工具）？　⑩而几死之散人，又恶知散木：而，你；你这个将要死的"散人"，又哪里理解"散木"。

【译文】

　　姓石的木匠到齐国去，到达曲辕这个地方，见到一棵被人当作土神祭祀的栎树。它大小可以遮蔽数千头牛，量量它的粗细发现它粗达百围；它高高地俯视着大山，树干七八十尺以后才有枝条，树枝当中可以做成独木舟的将近十几枝。观看的人多得像赶集似的，可是木匠师傅根本不转头看，始终赶路不止。弟子饱览了一番，跑着赶上石木匠，说："自从我拿着斧头追随先生以来，从来没见过木材如此漂亮。可是先生不肯看，一直赶路不停止，这是为什么呢？"石木匠说："算了吧，不要再说这事儿了！那是一棵不成材的树，拿它做船，很快就会沉没；拿它做棺材、套棺（套在棺材外面的大棺），很快就会腐烂；拿它做器具，很快就会毁坏；拿它做门，很快就会流出污浊的液体；拿它做柱子，很快就会被虫蛀坏。这是不能当材料的树木，没有什么用处，所以才能够像这样长寿。"

　　石木匠回来后，那棵被人当作土神祭祀的栎树托梦给他说："你拿什么和我相比呢？你要把我和有用的树林相比吗？山楂树、梨树、橘树、柚子树等瓜果之类，果子成熟了就遭受击打，遭受击打就被挫伤，大的枝子折断了，小的枝子被用力拖来拖去。这些是因为自己的才能而害苦了自己生命的例子，所以不能享尽自己的自然年寿而中途夭折，它们是自己使自己被世俗打击的。世上万物没有不是这样的。况且我追求无所可用很久了，险些死掉，现在才得到它，它对我来说是大用。假使我能派上那些世俗的用场，怎么可能长得这么大呢？况且我跟你都是物，怎么一定要让对方成为自己的物呢（意即期求对方成为自己的工具）？你这个将要死的'散人'，又哪里理解'散木'？"

（2）尧以天下让许由，许由不受。又让于子州支父，子州支父曰："以我为天子，犹之可也。虽然，我适有幽忧之病①，方且治之，未暇治天下也。"夫天下至重也，而不以害其生，又况他物乎！唯无以天下为者，可以托天下也。

舜让天下于子州支伯。子州支伯曰："予适有幽忧之病，方且治之，未暇治天下也。"故天下大器也，而不以易生。此有道者之所以异乎俗者②也。

舜以天下让善卷，善卷曰："余立于宇宙之中，冬日衣皮毛，夏日衣葛絺；春耕种，形足以劳动；秋收敛，身足以休食③；日出而作，日入而息，逍遥于天地之间而心意自得④。吾何以天下为哉！悲夫，子之不知余也！"遂不受。于是去而入深山，莫知其处⑤。

（《庄子·让王》）

【注释】①幽忧之病：指疾病深重难除。 ②此有道者之所以异乎俗者：这就是有道的人跟一般人不同的地方。 ③春耕种，形足以劳动；秋收敛，身足以休食：春天耕种，身体足以劳动；秋天收获贮藏，自身完全能够满足休息与给养。 ④逍遥于天地之间而心意自得：在天地间自由自在，而自觉得意、开心。 ⑤莫知其处：没有人能够知道他的住处。

【译文】

尧把天下让给许由，许由不接受。又让给子州支父，子州支父说："让我来做天子，那还是可以的。虽然这样，我正患有很厉害很顽固的疾病，正打算治一治，没有空闲时间来治理天下。"天下是最贵重的，却不能因为它伤害自己的生命，又何况其他东西呢！只有那些不把天下当回事儿、忘怀天下的人，才可以把天下托付给他。

舜要把天下让给子州支伯。子州支伯说："我碰巧患有很厉害很顽固的疾病，正打算治疗它，没有空儿治理天下啊。"所以天下是最珍贵的器物，却不拿它来交换生命。这就是有道的人跟一般人不同的地方。

121

舜又要把天下让给善卷，善卷说："我站在宇宙之中，冬天穿用带毛兽皮做的衣服，夏天穿葛布衣服；春天耕地播种，身体足以劳动；秋天收获贮藏，身子骨足能得到休息安养；太阳升起时就下地干活儿，太阳下山了就返家休息，无拘无束地生活在天地之间而自觉得意、开心。我拿天下来干什么呢？可悲啊，你不了解我！"就没有接受（天下）。于是善卷离开了家而隐入了深山，再没有人能够知道他的住处。

（3）故曰，道之真①以治身，其绪余②以为国家，其土苴③以治天下。由此观之，帝王之功，圣人之余事也，非所以完身养生也。今世俗之君子，多危身弃生以殉物，岂不悲哉！

（《庄子·让王》）

【注释】①真：真谛。　②绪余：剩余。　③土苴：苴，音 jū，鞋底的草垫，用以垫鞋底；糟粕。

【译文】

所以，大道的真谛可以用来养身，大道的剩余可以用来建立国家，而大道的糟粕才用来统治天下。由此观之，帝王的功业，只不过是圣人剩余的事，不可以用来保持身形、保全生命的。如今世俗所说的君子，大多危害身体、弃置生命来追求身外之物，这难道不可悲吗！

（4）大王亶父居邠①，狄人攻之。事之以皮帛而不受②，事之以犬马而不受，事之以珠玉而不受。狄人之所求者，土地也。大王亶父曰："与人之兄居而杀其弟，与人之父居而杀其子，吾不忍也。子皆勉居矣③！为吾臣与为狄人臣奚以异！且吾闻之，不以所用养害所养④。"因杖策而去之。民相连而从之，遂成国于岐山之下。夫大王亶父，可谓能尊生矣。能尊生者，虽贵富不以养伤身，虽贫贱不以利累形⑤。今世之人居高官尊爵者，皆重失之⑥，见利轻亡其身，岂不惑哉！

（《庄子·让王》）

【注释】①邠：音 bīn，古同"豳"（音 bīn），古地名，在今陕西省旬邑县。　②事之以皮帛而不受：拿兽皮、丝织品来供奉他们，他们不接受。　③子皆勉居矣：你们都尽力住在这儿吧！　④不以所用养害所养：不要因为用来养活百姓的土地害了所养活的百姓。　⑤以利累形：因追逐利益而拖累，祸害身体。　⑥皆重失之：都重视失去高官重爵。

【译文】

大王亶父（周文王的祖父）居住在邠，狄族人攻打那个地方，百姓拿兽皮、丝织品来侍奉他们，他们不接受；百姓拿狗、马来侍奉他们，他们不接受；百姓拿珠、玉来侍奉他们，他们也不接受。狄人要的东西是邠这个地方的土地。大王亶父说："跟别人的哥哥住在一起却让他的弟弟被杀害，跟别人的父亲住在一起却让他的子女被杀害，我不忍心。你们都尽力居住在这儿吧！做我的臣民跟做狄人的臣民有什么不同呢！而且我还听说，不要因为用来养活百姓的土地害了所养活的百姓。"于是拄着拐杖离开了邠地。邠地的百姓人连着人、车连着车跟随他，最终在岐山脚下建立了一个新的国家。大王亶父可以说是最能尊重生命了。能够尊重生命的人，即使地位高财物多，也不会因为用来养生的物品而伤害身体，即使财物少地位低也不会追逐利益而拖累、祸害身体。当今世上的人们做高官有尊贵爵位的人，都重视会失去高官重爵，看到利益就轻易地丧失自己的生命，这难道不是很糊涂吗？

（5）俄而子舆有病①，子祀往问之。曰："伟哉夫造物者，将以予为此拘拘也②！"曲偻发背，上有五管，颐隐于齐，肩高于顶，句赘指天，阴阳之气有沴③。其心闲而无事，跰㔉而鉴于井④，曰："嗟乎！夫造物者又将以予为此拘拘也！"子祀曰："女恶之乎？"曰："亡，予何恶！浸假而化予之左臂以为鸡，予因以求时夜⑤；浸假而化予之右臂以为弹，予因以求鸮炙⑥；浸假而化予之尻以为轮，以神为马，予因以乘之，岂更驾哉⑦！且无得者，时也；失者，顺也。安时而处顺，哀乐不能入也。此古之所谓县解⑧也。而不能自解者，物有结之⑨。且夫物不胜天久矣，吾又何恶焉！"

（《庄子·大宗师》）

【注释】①俄而子舆有病：俄而，不久；子舆、子祀都是虚构的寓言人物；不久子舆生了病。　②伟哉夫造物者，将以予为此拘拘也：伟大啊造物者，把我弄成这种屈曲不伸展的样子！　③曲偻发背，上有五管，颐隐于齐，肩高于顶，句赘指天，阴阳之气有沴：发背，背骨外露；五管，五脏的穴口；齐，通"脐"；句，音 gōu，弯曲；赘，颈椎骨；沴，音 lì，不和；腰弯背驼，心、肝、脾、肺、肾五脏穴口朝上，下巴藏到肚脐上了，肩膀高过头顶了，弯曲的颈椎骨指向天空了，阴阳之气凌乱了。　④跰𨇤而鉴于井：跰𨇤，音 pián xiān，跌跌撞撞不稳当的样子；跌跌撞撞地走到井边，用井水照着自己看。　⑤浸假而化予之左臂以为鸡，予因以求时夜：浸假，假令、假如；时夜，即伺夜，时通"伺"；假使把我的左臂变成公鸡，我就因此叫它守时打鸣。　⑥浸假而化予之右臂以为弹，予因以求鸮炙：鸮，音 xiāo，俗称猫头鹰；鸮炙，火烤的鸮鸟肉；假使把我的右臂变成了弹弓弹丸，我就因此用它打猫头鹰来烧烤。　⑦浸假而化予之尻以为轮，以神为马，予因以乘之，岂更驾哉：假使把我的臀部变成轮子，把我的精神变成马，我就因此乘坐这马车，难道还要换别的车马吗？　⑧县解："县"通"悬"；解除倒悬之苦，从困苦的境地中获得解放。　⑨不能自解者，物有结之：那些不能解脱的人，是有些外物捆绑着他。

【译文】

　　不久子舆生了病，子祀前往问候他。子舆说："伟大啊造物者，将我弄成这种屈曲不伸展的样子！"他腰弯背驼，心、肝、脾、肺、肾五脏穴口朝上，下巴藏到肚脐上了，肩膀高过头顶了，弯曲的颈椎骨指向天空了，阴阳之气凌乱了。他的心里安宁恬静若无其事，跌跌撞撞地走到井边，用井水照着自己看，说："伟大啊造物者，把我弄成这种屈曲不伸展的样子！"子祀问道："你厌恶他吗？"子舆说："不，我厌恶什么（我为什么厌恶）！假使把我的左臂变成公鸡，我就因此叫它守时打鸣。假使把我的右臂变成了弹弓弹丸，我就因此用它打猫头鹰来烧烤。假使把我的臀部变成轮子，把我的精神变成马，我就因此乘坐这马车，难道还要换别的车马吗？况且得合乎时，失顺乎理。合乎时（而得而生）顺乎理（而失而死）均安然处之，哀乐就不会进入内心了。这就是古人所说的解除倒悬之苦。而那些不能解脱的人，是有些外物捆绑着他。况且人力不能胜过天由来已久了，我又为什么厌恶这些呢？"

思考与练习

　　1. 被世人看作具有最高价值的天子之位，在远古时代却三番五次都让不出去，这到底是为什么？

2. 面对困境，你懂得安时处顺吗？

3. 孔子说："志士仁人，无求生以害仁，有杀身以成仁。"孟子说："生，亦我所欲也；义，亦我所欲也。二者不可得兼，舍生而取义者也。"你认为孔孟的话符合尊生的道理吗？

国学活动建议

讲历史故事（假途灭虢、负荆请罪、西门豹治邺）

二十六、持之以恒

学习提示

唐朝名相魏徵在《谏太宗十思疏》中写过这样一段话："凡昔元首，承天景命，善始者实繁，克终者盖寡。"劝谏唐太宗要吸取历史的经验教训，将夺取天下时的初心坚持到底。其实，关于做任何事都要持之以恒的这个道理，不仅存在于精卫填海、愚公移山、孟母教子以及大书法家王献之练书法等传说故事中，还有不少的理论论述。希望通过本课的学习，大家能够把中华民族持之以恒的传统发扬光大。

正文

(1) 惟日孜孜[①]，无敢逸豫[②]。

（《尚书·君陈》）

【注释】①惟日孜孜：惟，单，只；孜孜，勤谨，不懈怠。　②逸豫：闲适安乐。

【译文】

每天都孜孜不倦努力工作，不敢贪图享受。

(2) 子曰："譬如为山，未成一篑[①]，止，吾止也。譬如平地，虽覆[②]一篑，进，吾往也。"

（《论语·子罕》）

【注释】①篑：土筐。　②覆：覆盖。

【译文】

孔子说："譬如用土堆山，再加一筐土便成山了，却突然停止，不加上去，那是我自己要停止的；又譬如在平地上堆山，即使刚倒下一筐土，（如果继续）前进，那是我自己要前进的。"

(3) 孟子曰："无或①乎王之不智也。虽有天下易生之物也，一日暴②之，十日寒之，未有能生者也。"

(《孟子·告子上》)

【注释】①或：通"惑"。 ②暴：同"曝"，晒。

【译文】

孟子说："大王不明智并不奇怪啊。即便是天下最容易成活、生长的东西，晒它一天，冻它十天，也不能够生长。"

(4) 骐骥①一跃，不能十步；驽马十驾②，功在不舍。锲而舍之，朽木不折；锲而不舍，金石可镂③。

(《荀子·劝学》)

【注释】①骐骥：骏马。 ②驽马十驾：驽马，劣马；十驾，马拉车十天所走的路程；劣马拉车走十天。 ③镂：雕刻。

【译文】

骏马跳跃一次，不能有十步远；劣马拉车走十天，也能走得很远，它的成功在于不停止。拿刀刻东西，中途停止，腐朽的木头也不能刻断；不停地刻下去，金石也能雕刻成功。

(5) 故夫河冰结合，非一日之寒；积土成山，非斯须①之作。干将②之剑，久在炉炭，铦③锋利刃，百熟炼厉。久销乃见作留，成迟故能割断。肉暴长者曰肿，泉暴出者曰涌，酒暴熟者易酸，醢④暴酸者易臭。

(《论衡·状留篇》)

【注释】①斯须：一会儿。 ②干将：宝剑名。 ③铦：音 xiān，锋利。 ④醢：音 hǎi，用鱼、肉制成的酱。

【译文】

所以黄河的水结冰，不是一天的寒冷能形成；把土堆成山，不是一会儿就可以完成。干将宝剑，要在炉火中煅烧很久；锐利的锋刃，要经过无数次精细的冶炼磨光。由于经过长时间的熔炼，就显得形成过程非常迟缓，正因

127

为形成过程非常迟缓,所以才能够割断东西。突然长出来的肉叫肿,突然喷出来的泉叫涌,酒太熟的容易变酸,酱突然变酸的容易臭掉。

(6) 只要功夫深,铁杵①磨成针。

(祝穆《方舆胜览·眉州·磨针溪》)

【注释】①铁杵:铁质的舂米棒槌,即像舂米棒槌那么粗的铁棒。
【译文】
只要舍得下功夫,就连粗粗的铁棒都能磨成绣花针。

(7) 宝剑锋从磨砺①出,梅花香自苦寒来。

(《警世贤文》)

【注释】①磨砺:磨练,锻炼。
【译文】
宝剑的锐利刀锋是从不断的磨砺中得到的,梅花飘香来自它经历了寒冷的冬季。

(8) 滴水能把石穿透,万事功到自然成。

(罗大经《鹤林玉露》)

【译文】
(小小的)一滴水不断地滴到岩石上,(时间长了)就会穿出一个小洞;任何事情只要所花费的功力到了,就一定会成功。

(9) 操千曲而后晓声①,观千剑而后识器②。

(刘勰《文心雕龙》)

【注释】①操千曲而后晓声:操,弹奏;晓声,明白、了解音乐;练习很多支乐曲之后才能懂得音乐。 ②器:此指剑。
【译文】
弹奏(练习)很多支乐曲之后才能懂得音乐,观察过很多柄剑之后才懂得如何识别剑。

(10) 两句①三年得，一吟②双泪流。知音如不赏③，归卧故山秋。

(贾岛《题诗后》)

【注释】①两句：指的是贾岛创作的《送无可上人》"圭峰霁色新，送此草堂人。麈尾同离寺，蛩鸣暂别亲。独行潭底影，数息树边身。终有烟霞约，天台作近邻"中的"独行潭底影，数息树边身"。　②吟：读，诵。　③赏：欣赏。

【译文】

这两句诗我琢磨了三年才写出，一读起来禁不住两行热泪流出来。了解我思想情感的好朋友如果不欣赏这两句诗，我只好回到以前住过的故乡（山中），在瑟瑟秋风中安稳地睡了。

(11) 北山愚公者，年且九十，面山而居。惩山北之塞，出入之迂也①。聚室而谋曰："吾与汝毕力平险②，指通豫南③，达于汉阴，可乎？"杂然相许④。其妻献疑曰："以君之力，曾⑤不能损魁父之丘，如太行、王屋何⑥？且焉置土石？"杂曰："投诸⑦渤海之尾，隐土之北。"遂率子孙荷担者三夫，叩石垦壤，箕畚运于渤海之尾。邻人京城氏之孀妻有遗男，始龀⑧，跳往助之。寒暑易节，始一反焉。

河曲智叟笑而止之曰："甚矣，汝之不惠。以残年余力，曾不能毁山之一毛，其如土石何？"北山愚公长息曰："汝心之固，固不可彻，曾不若孀妻弱子。虽我之死，有子存焉；子又生孙，孙又生子；子又有子，子又有孙；子子孙孙无穷匮⑨也，而山不加增，何苦而不平？"河曲智叟亡以应⑩。……

帝感其诚，命夸娥氏二子负二山，一厝朔东，一厝雍南。自此，冀之南，汉之阴，无陇断焉。

(《列子·汤问》)

【注释】①惩山北之塞，出入之迂也：苦于山北面道路阻塞，进进出出曲折绕远。②毕力平险：尽全力铲除险峻的大山。　③指通豫南：指，直；豫州，古地名，在今河南省黄河以南；一直通向豫州的南部。　④杂然相许：杂然，纷纷的样子；许，赞同；纷纷表示赞成。 ⑤曾：音 céng，副词，加强否定语气，可译为"连……也……"，常与"不"连用。 ⑥如太行、王屋何：把太行、王屋这两座山怎么样？ ⑦诸：兼词，"之于"的合音。 ⑧龀：音 chèn，儿童换牙齿，乳齿脱落后重新长恒齿。这里始龀表示年龄，约七八岁。 ⑨匮：音 kuì，竭尽的意思。 ⑩亡以应：亡，通"无"；没有话来回答。

【译文】

北山脚下有个叫愚公的人，年纪将近九十岁了，面对着山居住。愚公苦于山的北面的阻塞，进进出出都要绕道。（于是愚公）便召集全家人来商量说："我和你们尽全力铲平险峻的大山，（使道路）一直通到豫州南部，到达汉水南岸，好吗？"大家纷纷表示赞同。愚公的妻子提出疑问说："凭你的力气，连魁父这座小山丘都不能削平，又能把太行、王屋这两座山怎么样呢？况且把土石放到哪里去呢？"大家纷纷说："把土石扔到渤海的边上，隐土的北面。"于是愚公带领儿孙中能挑担子的三个人，凿石挖土，用箕畚装土石运到渤海的边上。邻居京城氏的寡妇有一个儿子，刚七八岁，蹦蹦跳跳地去帮助他们。冬夏换季，才能往返一次。

河曲的智叟讥笑着阻止愚公说："你真是太不聪明了。就凭你残余的岁月、剩下的力气，连山上的一根草都动不了，又能把泥土石头怎么样呢？"北山愚公长叹说："你的心真顽固，顽固到不能改变，连寡妇孤儿都不如。即使我死了，还有儿子在呀；儿子又生孙子，孙子又生儿子；儿子又有儿子，儿子又有孙子；子子孙孙没有穷尽，可是山不会增高加大，担心什么挖不平呢？"河曲智叟无话回答。……

天帝被愚公的诚心所感动，命令大力神夸娥氏的两个儿子背走了那两座山。一座放在朔方的东部，一座放在雍州的南面。从此，冀州南部直到汉水南岸，再也没有高山阻隔了。

思考与练习

1. 将你所知道的我们祖先持之以恒的故事讲出来，与大家分享。

2. 联系生活实际，谈一谈你对持之以恒的理解。

3. 李保国同志被誉为"太行山下的新愚公"，请你查找阅读相关资料，说一说持之以恒的愚公精神在现代的意义。

国学常识链接

《千字文》选段、《增广贤文》选段　神话传说三（精卫填海）

二十七、大小难易

学习提示

做任何事情都是从小到大,由少到多,由易到难的。天下的事都是从容易的时候发展起来的,天下的大事都是从细小的地方一步步形成的。无论做什么事情,都必须具有坚强的毅力,从小事做起,先易后难,逐步完善,以蚂蚁啃骨头的劲头,一点一点地干,才可能成功。

正文

(1) 大小多少①,报怨以德。图②难于其易,为③大于其细。天下难事,必作于易;天下大事,必作于细。是以圣人终不为大,故能成其大。夫轻诺必寡信,多易④必多难。是以圣人犹难之⑤,故终无难矣。

(《道德经》)

【注释】①大小多少:大生于小,多起于少。 ②图:筹划,设法对付。 ③为:做,办成。 ④多易:把很多事情看得容易。 ⑤是以圣人犹难之:因此达到最高境界的人遇事尚且把它看得困难。

【译文】

大生于小,多起于少,用恩德来报答怨恨。处理难事要从它容易的地方入手,做大事要从它细小的地方入手。天下的难事,一定产生于一件件容易的事;天下的大事,一定产生于一件件细小的事。所以达到最高境界的人始终不做大事,因此成就了自己的伟大。轻易向人许诺一定缺少诚信,把很多事情看得容易一定会遭遇很多困难。因此达到最高境界的人遇事尚且把它看得困难,所以他始终没有困难。

(2) 其安易持,其未兆①易谋,其脆易泮②,其微易散。为之于未有,治之于未乱。合抱之木,生于毫末③;九层之台,起于累土④;千里之行,始于足下。

(《道德经》)

【注释】①兆：本义征兆、预兆，此为动词，预示，显现。 ②泮：通"判"，分离。③毫末：比喻极细小的东西。 ④累土：累，通"蔂"，盛土的工具；一土笼子的土。

【译文】

事物安稳的时候容易持守，问题还没有显露迹象的时候容易解决，事物脆弱的时候容易分离，事物细小的时候容易散失。解决问题要在问题还没有出现的时候，治理混乱要在混乱还没有出现的时候。合抱的大树，是从极细小的萌芽生长起来的；很高很高的台子，是从一筐土开始建起来的；千里之远的行程，是从脚下第一步开始走出来的。

(3) 天下事有难易乎？为之，则难者亦易矣；不为，则易者亦难矣。人之为学有难易乎，学之，则难者亦易矣；不学，则易者亦难矣。……蜀之鄙①有二僧：其一贫，其一富。贫者语于富者曰："吾欲之②南海，何如？"富者曰："子何恃③而往？"曰："吾一瓶一钵足矣。"富者曰："吾数年来欲买舟④而下，犹未能也。子何恃而往！"越明年，贫者自南海还，以告富者，富者有惭色。

(彭端淑《为学一首示子侄》)

【注释】①鄙：边境。 ②之：往，到……地方去。 ③恃：凭借，倚仗。 ④买舟：此指雇船。

【译文】

天下的事情有困难和容易的区别吗？只要肯做，那么困难的事情也变得容易了；如果不做，那么容易的事情也变得困难了。人们做学问有困难和容易的区别吗？只要肯学，那么困难的学问也变得容易了；如果不学，那么容易的学问也变得困难了。……四川的边境有两个和尚，其中一个贫穷，另外一个富裕。穷和尚对有钱的和尚说："我想要到南海去，你看怎么样？"富和尚说："你凭借什么去呢？"穷和尚说："我只需要一个盛水的水瓶一个盛饭的饭碗就足够了。"富和尚说："我几年来想要雇船沿着长江而下（去南海），尚且没有成功。你凭借着什么去！"到了第二年，穷和尚从南海回来了，把到过南海的这件事告诉富和尚。富和尚脸上露出了惭愧的神情。

(4) 是以泰山不让①土壤，故能成其大；河海不择②细流，故能就其深；王者不却③众庶，故能明其德。

(李斯《谏逐客书》)

【注释】①让：通"攘"。推辞，拒绝。 ②择：挑剔。 ③却：拒绝。

【译文】

因此，泰山不拒绝土壤，所以能够形成那样的高大；河海不挑剔细流，所以能够成就那样的深广；帝王不排斥百姓，所以能够光大他的道德事业。

(5) 且夫①水之积也不厚②，则其负③大舟也无力；覆④杯水于坳堂之上，则芥⑤为之舟；置杯焉则胶⑥，水浅而舟大也。风之积也不厚，则其负大翼也无力。

(《庄子·逍遥游》)

【注释】①且夫：况且，再说。 ②厚：深厚。 ③负：承担，承载。 ④覆：倾覆。 ⑤芥：小草。 ⑥胶：粘住，使不能移动，这里指船搁浅。

【译文】

再说水积聚得不够深厚，那么它负载大船就没有力量。倒一杯水在堂上的低洼处，那么只能用小草做那船，放一只杯子在上面，它就搁浅在那里了，因为这堂上低洼里的水很浅而作为船的杯子却很大。风积聚得不够深厚，那么它负载大翅膀就没有力量。

(6) 大道汜①兮，其可左右。万物恃之以生而不辞②，功成而不有③。衣养④万物而不为主⑤，常无欲⑥，可名于小⑦；万物归焉而不为主，可名为大⑧。以其终不自为大，故能成其大。

(《道德经》)

【注释】①汜：同"泛"，广泛或泛滥。 ②辞：推辞。 ③有：占有。 ④衣养：一

134

本作"衣被",意为覆盖。　⑤不为主:不自以为主宰。　⑥常无欲:一本无此二字,认为此乃衍文。　⑦小:渺小。　⑧大:伟大。

【译文】

大道广泛流行于世,没有什么地方是它到达不了的。万物依赖它生长而不推辞。完成了功业,办妥了事业,却不占有名誉。它养育万物却不自以为主,毫无私心,我们可以称它为"小"。万物归附它,但它不认为自己是主宰,我们可以称它为"大"。正因为它不自以为伟大,所以才能成就它的伟大,完成它的伟大。

(7) 勿以恶小而为之,勿以善小而不为。惟贤惟德①,能服于②人。

(《三国志·蜀志·先主传》)

【注释】①惟贤惟德:是重复错综句,就是惟贤德的意思。意即只有贤德的人,或指其贤德的德行。　②于:修饰赘词,增加音节。

【译文】

不要因为坏事较小的就去做,不要因为善事较小的就不去做。只有贤德的人,能够让左右的人信服而辅佐他。

(8) 千丈之堤,以蝼蚁之穴溃①;百尺之室,以突隙之烟焚②。

(《韩非子·喻老》)

【注释】①溃:大水冲开堤岸,溃决。②以突隙之烟焚:突,烟囱;因为烟囱缝隙冒出的火星而引发大火被焚毁。

【译文】

千丈长的大堤,(会)因为蝼蚁打的小洞而崩塌溃决;百尺高楼,(会)因为烟囱缝隙冒出的火星而引发大火被焚毁。

思考与练习

1. 你能从学习的角度说说(1)(2)两段选文告诉我们的道理吗?
2. 课文告诉我们,大与小、难与易都是相对的,大生于小,多生于少。

那么，我们应该怎么对待我们生活中遇到的大事、难事？

3. 结合本节课学习感受，请你说说美与丑之间的联系。

国学活动建议

神话传说四（百鸟朝凤、牛郎织女、嫘祖养蚕）

二十八、是非善恶

学习提示

是非善恶一直是中国哲学最重要的研究对象之一,所以几千年来,关于是非善恶的讨论层出不穷、精彩纷呈。对于是非,老子以为"世各是其所善,而非其所恶",孔子则劝人"见善如不及,见不善如探汤"。且人们所遭遇的往往不是那种泾渭分明的大是大非大善大恶,却常常是那些模糊的小是非小善恶,能否正确处置它们又常常决定了人们性格的养成与人生道路的方向。因此,我们要善于从古人的智慧中吸取营养,让自己的人格更加阳光,道路更加平坦笔直。

正文

(1) 善不积,不足以成名;恶不积,不足以灭身。小人以小善为①无益而弗为也,以小恶为无伤而弗去也,故恶积而不可掩②,罪大而不可解③。

(《周易·系辞下》)

【注释】①以小善为:把小的善行看作,认为。 ②掩:止。 ③解:开脱,解除。

【译文】

不能多多地做好事,就不能成就一个好的名声;不经常做坏事,就不致落得身败名裂、自我毁灭。人格卑下的人认为善事很小做起来没有什么益处就不去做,(还)认为坏事很小做起来无伤大雅而不排除,所以坏事一做再做到最后就停不下来,于是罪恶也就大到无法开脱、解除。

(2) 我闻吉①人为善,惟②日不足;凶人③为不善,亦惟日不足。

(《尚书·泰誓》)

【注释】①吉:善,美。 ②惟:只有,只是。 ③凶人:凶徒,即坏人。

【译文】

我听说好人做好事,只觉得时日不够;坏人做不好的事,也只觉得时日不够。

(3) 天下是非无所定①,世②各是其所善,而非其所恶。

(《道德经》)

【注释】①定:确定,固定。 ②世:时代,朝代。

【译文】

天下的是非曲直没有一定的标准,不同的时代各自肯定其所善的,而否定其所厌恶的。

(4) 天下理①无常②是,事无常非。先日所用,今或弃之;今之所弃,后或用之。此用与不用,无定③是非也。

(《列子·说符》)

【注释】①理:道理。 ②常:一贯。 ③定:判定。

【译文】

天下的道理没有永远正确的,事情没有永远错误的。先前的日子所采用的,今天可能就被抛弃了;今天所抛弃的,将来也许就被采用了。这只是用与不用的区别,无关是与非的判定。

(5) 孔子曰:"见善如不及①,见不善如探汤②。吾见其人矣,吾闻其语矣。隐居以求③其志,行义④以达其道。吾闻其语矣,未见其人。"

(《论语·季氏》)

【注释】①及:赶得上。 ②汤:开水。 ③求:谋求。 ④行义:君子做官,目的是为了推行道术或主张,故此处"行义"是出来做官的意思。

【译文】

孔子说:"(有些人)看到好事,(便想快点去做)好像赶不上的样子,看到不好的事,就像把手伸到滚开的水里一样。我看见过这样的人,也听过这样的话。避世隐居以求保全自己的志向,出来做官是为了施行自己的主张。我听到过这样的话,却没有看见过这样的人。"

(6) 今有人日攘①其邻之鸡者。或②告之曰:"是非君子之道。"曰:"请损之③,月攘一鸡,以等来年,然后已。"如知其非,斯速已矣④,何待来年?

(《孟子·滕文公下》)

【注释】①日攘:日,每天;攘,窃取;每天窃取。 ②或:有人。 ③请损之:损,减少;请允许我减少偷鸡的数量。 ④如知其非,斯速已矣:斯,则;如果你知道那是错的,就应当迅速停止这种做法。

【译文】

现在有一个人每天都窃取他邻居一只鸡,有人告诉他说:"这样做不符合君子的正道。"他说:"请允许我减少偷鸡的数量,每月偷一只鸡,而等来年完全不偷。"如果你知道那是错的,就应当迅速终止这种做法,为什么要等到明年呢?

(7) 是①亦彼也,彼亦是也。彼亦一是非②,此亦一是非。

(《庄子·齐物论》)

【注释】①是:此,这。 ②彼亦一是非:彼也有一种是非(标准)。

【译文】

此就是彼,彼就是此。彼有彼的一种是非标准,此有此的一种是非标准。

(8) 从①善如登②,从恶如崩③。

(《国语·周语下》)

【注释】①从:顺随。 ②登:升高。 ③崩:崩塌。

【译文】

顺随善良就像登天一样艰难,顺随恶行就像山崩地裂一样迅速。

(9) 察①其言,观其行,而善恶彰②焉。

(《三国志·魏书·钟繇传》)

【注释】①察：考察。　②彰：明显。

【译文】

认真考察他的话语，同时仔细审察他的行为，那么他品质的善与恶就看得很清楚了。

(10) 积善三年，知之者少；为恶一日，闻于天下。

(《晋书·帝纪·第一章》)

【译文】

善事做了好多年，知道的人还是很少；（可）只要做一天坏事，立马就传遍天下。

(11) 上善①若水。水善利万物而不争，处众人之所恶②，故几于道③。居善地；心善渊④；与善天⑤；言善信；政善治⑥；事善能；动善时⑦。夫唯不争，故无尤⑧。

(《道德经》)

【注释】①上善：最善。　②处众人之所恶：即居处于众人所不愿去的地方。　③几于道：几，接近；接近于道。　④渊：沉静，深沉。　⑤天：自然无私。　⑥善治：治理好国家，这里指要像水一样有条有理地治理。　⑦善时：行为动作善于把握有利的时机。⑧尤：过失，错误。

【译文】

最高的善就像水那样，善于滋润万物而不与万物争，处于大家都不喜欢的地方，所以最接近于道。最善的人居处要像水那样善于选择低下的地方；心胸要像水那样深沉；交友要像水那样自然无私；说话要像水那样真诚；为政要像水那样有条有理；办事要像水那样利用特长；行动要像水那样抓住时机。正因为他不与人相争，所以才不会有过失。

(12) 善恶到头终有报，只争①来早与来迟。

(《琵琶记》)

【注释】 ①争：相差。

【译文】

不论行善还是作恶，到最后都会有回报。相差的只是来得早与来得迟。

思考与练习

1. 学习了本课经典论述，你觉得应该如何判定事情的是非善恶？

2. 联系生活实际，谈谈你对"勿以善小而不为，勿以恶小而为之"的认识。

3. 想想，你或身边的朋友是否有过"日攘一鸡"改为"月攘一鸡"的做法？若有，你将如何规劝他们呢？

国学常识链接

历史名人故事（孔融让梨、孟母断机、老子断孝子、后生可畏、曾子换席、庄子不拜相、六尺巷、箕子见微知著、章学诚笨鸟先飞）

国学通道·修身

二十九、得与失

学习提示

行走于人生之路，总会有"得"有"失"，得到了固然高兴，失去了也不必过于悲哀，毕竟"得"与"失"既是绝对的，又是相对的。老子的"祸兮，福之所倚；福兮，祸之所伏"说的就是这个道理。更何况现实世界中，你遇到的境况常常是有"得"必有"失"，有"失"也必有"得"。所以，同学们在理解"得"与"失"时要学会全面地、发展地、辩证地看待它。

正文

（1）祸兮，福之所倚；福兮，祸之所伏。孰知其极：其无正①也。正复为奇，善复为妖②。人之迷，其日固久③。

（《道德经》）

【注释】①其无正：其，指祸福变化；正，标准、确定；它们并没有确定的标准。②正复为奇，善复为妖：正，方正；端正；奇，反常，邪；善，善良；妖，邪恶；正的变为邪的，善的变为恶的。 ③人之迷，其日固久：人迷惑于祸福之门（而不知其循环相生之理者），其为时日必已久矣。

【译文】

灾祸啊，幸福依傍在它的里面；幸福啊，灾祸藏伏在它的里面。谁能知道究竟是灾祸还是幸福呢？它们并没有确定的标准。正忽然转变为邪，善忽然转变为恶，人们的迷惑，由来已久了。

（2）近塞上①之人有善术者②。马无故亡而入胡③。人皆吊④之，其父曰："此何遽⑤不为福乎？"居数月，其马将⑥胡骏马而归。人皆贺之，其父曰："此何遽不能为祸乎？"家富良马，其子好骑，堕而折其髀⑦。人皆吊之，其父曰："此何遽不为福乎？"居一年，胡人大入塞，丁壮者引弦而战⑧，近塞之人,死者十九⑨,此独以跛之故,父子相保。故福之为祸,祸之为福,化不可极⑩,深不可测也。

(《淮南子·人间训》)

【注释】①塞上:这里指长城一带。 ②善术者:术,术数,推测人事吉凶祸福的术数;精通术数的人。 ③亡而入胡:亡,逃跑,跑;跑到胡人那里去了。 ④吊:对遭遇不幸的人表示慰问。 ⑤何遽:遽,就;怎么就。 ⑥将:带领。 ⑦髀:大腿骨。 ⑧引弦而战:拿起弓箭去打仗。 ⑨十九:十分之九。 ⑩化不可极:化,变化;极,顶端,最高点,尽头;变化难以捉摸。

【译文】

在靠近边塞的人中,有一位精通术数的人。他家的马自己跑到胡人那里去了,大家都来慰问他。他父亲说:"这怎么就不是福呢?"过了几个月,他家的马带领着胡人的骏马回来了,大家都祝贺他。他父亲说:"这怎么就知道不是祸呢?"家里有钱又有骏马,他的儿子喜欢骑马,有一次从马上摔下来折断了大腿骨,大家都去慰问他,他父亲说:"怎么就知道不是福呢?"过了一年,胡人大举入侵边塞,健壮的男子都拿起弓箭参加战斗,塞上参战的人,十个死了九个。唯独他的儿子因为腿摔断的缘故,父子得以保全性命。所以福可以变成祸,祸可以变成福,这其中的变化难以捉摸,深不可测。

(3) 名与身孰亲①?身与货孰多②?得与亡孰病③?是故,甚爱必大费,多藏必厚④亡。故知足不辱,知止不殆⑤,可以长久。

(《道德经》)

【注释】①亲:亲切。 ②多:重视,看重。 ③得与亡孰病:亡,失去;病,有害;得到名利和失去生命哪一样更有害。 ④厚:形容损失惨重。 ⑤知止不殆:知道适可而止就不会遇到危险。

【译文】

名誉和生命比起来哪一个更亲切?生命和财产比起来哪样更贵重?得到名利和失去生命哪样更有害?因此,过分的好利必招致更大的破费,丰厚的贮藏必招致惨重的损失。知道满足就不会遭受耻辱;知道适可而止就不会遇

143

到危险。这样，才可以保持长久。

(4) 荆人①有遗弓者，而不肯索②，曰："荆人遗之，荆人得之，又何索焉?"孔子闻之曰："去其'荆'而可矣。"老聃闻之曰："去其'人'而可矣。"故老聃则至公③矣。天地大矣，生而弗子，成而弗有，万物皆被其泽④，得其利，而莫知其所由始，此三皇五帝之德也。

(《吕氏春秋·孟春纪·贵公》)

【注释】①荆人：楚国人。 ②索：搜索，寻求。 ③至公：至，最高，最大；最大的公。 ④被其泽：被，遭受；受到天地的恩泽。

【译文】

楚国有一个人丢失了弓，不肯去找回它。说："一个楚国人失落了它，另一个楚国人得到了它，又为什么要找它呢?"孔子听说此事，说："去了那个'荆'字就可以了。"老聃听到这件事，说："去了那个'人'字便可以了。"老聃是达到了公的最高境界了。天地之大，生养众人，却不把人看作是自己的儿子；成就万物，却不为自己所私有。万物都受到天地的恩泽，得到天地的好处，而没有人知道这好处从何而来。这就是三皇五帝的道德。

(5) 子曰："鄙①夫可与事君也与哉？其未得之也，患得之②；既得之，患失之。苟患失之，无所不至③矣。"

(《论语·阳货》)

【注释】①鄙：见识浅薄，行为低下。 ②患得之：根据上下文的内容来看，"患得之"应为"患不得之"。 ③无所不至：至，到，到达；没有什么达不到的。

【译文】

孔子说："见识浅薄，行为低下的人，难道可以和他一块侍奉君主吗？当他没有得到官职的时候，唯恐得不到。既然得到了，又唯恐丢失掉。假若害怕丢失掉，他就会无所不用其极了。"

(6) 凡圣人之动作也，必察其所以之与其所以为。今且①有人于此，以随侯之珠弹千仞之雀②，世必笑之，是何也？则其所用者重而所要者轻也。夫生者，岂特随侯之重哉③！

(《庄子·让王》)

【注释】①且：假若，如果。 ②以随侯之珠弹千仞之雀：用贵重的随侯珠去弹击飞得很高很高的麻雀。 ③岂特随侯之重哉：特，只，只有；难道只有随侯之珠那样贵重吗？

【译文】

大凡圣人有所动作，必定要仔细地审察他追求的目的与他这样做的原因。现在假如有这样的人，用珍贵的随侯珠去弹射飞得很高很高的麻雀，世上的人们一定会嘲笑他，这是为什么呢？乃是因为他所使用（耗费）的子弹非常贵重而所希望得到的东西非常轻微。那一个人的生命，难道只有随侯珠那样贵重吗？

(7) 得时①无怠，时不再来；天予②不取，反为③之灾。

(《国语·越语下》)

【注释】①时：时机。 ②予：给予。 ③为：成为。

【译文】

得到了时机千万不可懈怠，因为时机不会再来；上天给予的不接受，反而会变成灾祸。

(8) 子路问于孔子曰："君子亦有忧乎？"子曰："君子，其未得①也，则乐其意②，既得之，又乐其治③，是以有终身之乐，无一日之忧。小人者，其未得也，则忧不得，既已得之，又恐失之，是以有终身之忧，无一日之乐也。"

(《荀子·子道》)

【注释】①得：指获得官职。 ②意：意志，这里指自我修养。 ③治：治理，这里指有所作为。

【译文】

子路向孔子问道："君子也会有忧愁吗？"孔子说："君子在没有获得官职

145

时，就以修养自我为乐，在获得官职以后，又以能有所作为为乐。所以，君子有终身的欢乐，而没有一天忧愁。小人，在获得官职之前，忧愁的是不能获得官职，在得到官职之后，又担心它会失去。所以，小人有终身的忧愁，而没有一天的欢乐。"

(9) 有所取必有所舍，有所禁①必有所宽②。宽之则其禁必③止，舍之则其取必得。

(苏轼《策别第十》)

【注释】①禁：禁止。 ②宽：宽容。 ③必：一定。

【译文】

要有所获取，就一定要有所舍弃；要有所禁止，就一定要有所宽容。宽容了那些所止的就一定会被禁止；舍弃了那些要获取的就一定能得到。

(10) 孟子曰："鱼，我所欲①也，熊掌亦我所欲也；二者不可得兼②，舍鱼而取熊掌者也。生亦我所欲也，义亦我所欲也；二者不可得兼，舍生取义者也。生亦我所欲，所欲有甚③于生者，故不为苟得④也；死亦我所恶也，所恶有甚于死者，故患有所不辟⑤也。"

(《孟子·告子上》)

【注释】①欲：喜爱，想要。 ②得兼：即"兼得"，同时占有。 ③甚：超过。 ④苟得：苟且取得（生命）。 ⑤辟：通"避"，躲避。

【译文】

孟子说："鱼是我所喜爱的，熊掌也是我所喜爱的，假若两者不能同时占有，便舍弃鱼而选择熊掌。生命是我所喜爱的，义也是我所喜爱的，假若两者不能同时占有，便舍弃生命而选择义。生命虽是我所喜爱的，但我所喜爱的还有超过生命的东西，因此，我不去做苟且偷生的事。死亡虽是我所厌恶的，但我所厌恶的还有超过死亡的东西，因此，有的祸患就不躲避。"

二十九、得与失

思考与练习

1. 人们讲"得失"时，常说有"失"才有"得"，有"得"必有"失"，你说呢？

2. "得失"又时常与"荣辱"连在一起，你以为能连在一起吗？

3. 说说你的"得失"故事，和大家一起讨论"你是'得'了还是'失'了"。

国学活动建议

汉字书写五（毛笔书法入门之五、六）　诸子百家简介

三十、毁与誉

学习提示

不论何人，也不论你做何事，毁与誉总是如影随形。那么是让这些毁誉左右你的言行举止，还是让它成为做事的动力抑或阻力，一切全在于你自己如何看待这些毁与誉。相信通过这一课的学习，你会从古人的论述中汲取智慧，正确地对待毁与誉，从而轻装上阵，继续你前行的脚步。

正文

（1）闻毁勿戚戚①，闻誉勿欣欣。自顾②行如何，毁誉安③足论。

（白居易《续座右铭》）

【注释】①戚戚：忧惧，忧伤的样子。 ②顾：反省。 ③安：怎么，哪里。

【译文】

听到诋毁的话不必过分忧伤，听到赞誉的话不必过分高兴。应该检点自己的行为怎么样，别人对自己的诋毁或者赞誉哪里值得思考衡量。

（2）是非审之于心，毁誉听之于人，得失安①之于数②。

（摘自岳麓书院楹联）

【注释】①安：安心，习惯，满足。 ②数：气数，命运。

【译文】

（自己的言行）是对是错，要用自己的良心去衡量；（自身）被赞誉或受诋毁，要听任别人去评价；（一生）得到的或失去的，要听从命运的安排。

（3）子曰："吾之于人也，谁毁①谁誉？如有所誉者，其有所试②矣。斯民也，三代之所以直道而行也。"

（《论语·卫灵公》）

【注释】①毁：毁谤。　②试：测验。

【译文】

孔子说："我对于别人，诋毁谁了？赞誉谁了？假如我有所赞誉，必然是考验过他的。夏、商、周的人都如此，所以三代能直道而行。"

(4) 举世而誉之而不加劝①；举世而非之而不加沮②，定乎内外之分③，辩乎荣辱之境④，斯已矣⑤。

（《庄子·逍遥游》）

【注释】①加劝：劝，勤勉，努力；更加努力。　②举世而非之而不加沮：全社会的人都责怪他，他却不因此更加灰心失望。　③定乎内外之分：内，指自身本性；外，指外物（比如他人的赞美或责怪等）；认定内和外的分别。　④辩乎荣辱之境：辩，通"辨"，区分，辨别；境，边界；分清了光荣与耻辱的分界。　⑤斯已矣：斯，这；已，止；就这样为止了。

【译文】

全社会的人都称赞他（指宋荣子），他却不因此而更加勤勉，全社会的人都责难他，他却不因此更加灰心失望，（他）能认定内和外的分别，分清光荣与耻辱的分界，就这样为止了。

(5) 乡誉①不以为荣，国毁②不以为辱。得而不喜，失而弗忧。

（《列子·仲尼》）

【注释】①乡誉：全乡赞美。　②国毁：全国诋毁，诽谤。

【译文】

全乡人赞誉我，我不以为光荣，全国人毁谤我，我不以为耻辱；得到了并不高兴，丧失了并不忧愁。

(6) 好誉者多辱也。誉满主惊，名高众之所忌焉。誉存其伪，诡者以誉欺人。名不由己，明者言不自赞。贪巧之功，天不佑也。赏①誉勿轻，轻则誉贱②，誉贱则无功③也。受誉知辞④，辞则德显，显则释⑤疑。上下无争，誉之不废焉。

（《止学·誉篇》）

149

【注释】①赏：赠予。　②贱：低廉，轻贱。　③功：功效。　④辞：辞让。　⑤释：解除。

【译文】

喜好名誉的人多数会遭受侮辱。赞誉太多君主就会惊恐，名声太高就会招来众人嫉恨。名誉有虚假的，谄媚的人用它来欺骗他人。名望不是自己所能左右的，明智的人不会自我赞扬。贪婪和巧取所得的功名，上天不会保佑他。赠予他人名誉不要太随便，太随便了名誉就不贵重了，名誉不贵重就失去了它的功效。接受名誉要懂得辞让，辞让就可以显示美德，显示美德就可以解除猜疑了。上级和下属之间没有争斗，他们的名誉就不会被废弃了。

(7) 是故事修①而谤兴②，德高而毁来。呜呼！士之处此世，而望名誉之光③，道德之行④，难已！

(韩愈《昌黎先生集·原毁》)

【注释】①修：治理。　②兴：兴起，产生。　③光：光大，昭著。　④行：实行，贯彻。

【译文】

因此，事情办好了，诽谤便随之产生；道德修养提高了，攻击的话也就跟着到来。唉，士人处在这样的时代里，却希望名誉昭著，道德畅行，真难啊！

(8) 毛嫱西施①，善毁者不能蔽②其好；嫫母倭傀③，善誉者不能掩④其丑。

(王褒《四子讲德论并序》)

【注释】①毛嫱西施：均为古代美女。　②蔽：遮蔽。　③嫫母倭傀：均为古代传说中的丑女。　④掩：遮蔽，遮盖。

【译文】

像毛嫱、西施那样的美女，惯于说坏话的人再诋毁，也不能遮蔽他们的美丽；像嫫母倭傀那样的丑女，善于奉承的人再赞誉，也不能掩饰她们的丑陋。

(9) 人或毁己，当退而求之于身。若己有可毁之行，则彼言当①矣；若己无可毁之行，则彼言妄②矣。当则无怨于彼，妄则无害于身。又何反报③焉？且闻人毁己而忿者，恶丑声之加于人也，人报者滋甚④，不如默而自修己也。谚曰："救寒莫若重裘⑤，止谤莫如自修。"斯言信⑥矣。

(王昶《戒子侄书》)

【注释】①当：恰当。 ②妄：虚假荒谬。 ③报：报复。 ④滋甚：滋，增加，增多；更加厉害。 ⑤裘：皮毛的衣服。 ⑥信：真实可靠，确实。

【译文】

当有人说自己坏话的时候，应当先退一步，在自己身上寻求一下根源。如果自己存有可以让人指责议论的行为，那么人家说的就是恰当的。如果自己的行为没有可以让人指责议论的地方，那么他们的话就是虚假不实的。人家说的对，就不要怨恨人家，说的虚假荒谬、无中生有，（只要自己行得正，立得直）也没有什么可怕的。又何必再反过来报复他呢？而且，听说他人诽谤自己，自己因此很愤慨，一定把不好的名声强加于人，（当你把坏名声强加于他人后，）他们一定会加倍地说你的坏话。这样反而不如自己沉下心来，加强自身的修养。谚语说："救助寒冷没有比皮毛衣服更好的，阻止别人说坏话，没有比加强自身修养更有效的。"这话说得实在好啊！

思考与练习

1. 选文（4）中庄子对宋荣子不受外界的褒扬和贬低而改变自己的人生态度表示了认可。那么，安于现状、故步自封也是庄子认为的逍遥的一种境界吗？

2. 选文（6）《止学·誉篇》对我们在受到外界赞誉时，应该要如何应对提出了哪些建议？

3. 当你在实际生活中面对众人称赞或者诽谤时会怎么做？

国学常识链接

介绍古代的小学与大学　中国古代的十大兵书　从桃符到对联

三十一、刚与柔

学习提示

何意百炼刚,化为绕指柔。"刚"与"柔"是一对矛盾的统一体。作为矛盾,它们相互排斥,要刚就难柔,要柔就难刚;作为统一体,它们又是相辅相成,相得益彰的。生活处事,太刚则为固执,太柔则为懦弱,唯有刚柔并济,方显人之本色。人的性格刚柔相济最为好,但一般的人不是刚毅有余,柔韧不足,就是柔韧有余,刚毅不足。曾国藩说:"太柔则靡,太刚则折;刚自柔出,柔能克刚。"步入社会当学会高调做事,低调做人,外圆内方,刚柔并济。

正文

(1) 人之生也柔弱①,其死也坚强②。草木之生也柔脆,其死也枯槁③。故坚强者死之徒④,柔弱者生之徒。是以兵强则灭,木强则折。强大处下,柔弱处上⑤。

(《道德经》)

【注释】①柔弱:柔软。 ②坚强:僵硬。 ③枯槁:干枯(硬挺挺)。 ④故坚强者死之徒:徒,徒党,同一类或同一派别的人;因此坚强跟死亡是同类的。 ⑤强大处下,柔弱处上:逞强逞大的人落入下风,持守柔弱的人占据上风。

【译文】

人在活着的时候身体是柔软灵活的,死亡后身体就变得坚固僵硬了。万物草木有生命的时候形质是柔软软弱的,死了就变得干枯惨败。所以说坚强的东西属于死亡的一类,柔软的东西属于有生命的一类。因此,兵强则败,木强则被伐被烧。所以强大处于下位,柔弱居于上位。

(2) 曲则全①,枉②则直,洼③则盈,敝则新,少则多,多则惑。是以圣人抱一为天下式④。不自见⑤,故明;不自是,故彰;不自伐⑥,故有功;不自矜⑦,故长。夫唯不争,故天下莫能与之争。

(《道德经》)

【注释】①曲则全:曲,委曲;全,保全;委曲反能保全。 ②枉:弯曲。 ③洼:低洼。 ④圣人抱一为天下式:抱一,守道;式,即"栻",古代占卜用的工具,根据它的旋转来判定占卜者的吉凶祸福;老子的意思是说,圣人观察天下大事也要用工具,不过这工具不是木制的,而是"一",也就是"道"。 ⑤自见:自我炫耀。 ⑥自伐:自夸。 ⑦自矜:自尊自大。

【译文】

委曲反能保全,屈枉反能伸直,低洼反能充盈,陈旧反能新奇,少取反能多得,贪多反而会迷惑。因此圣人用"道"作为观摩天下的工具,不自我炫耀,所以能够彰明;不自以为是,所以能显赫;不自我夸耀,所以能有功;不自高自大,所以能长久。正因为不与人争,所以天下没有谁能够争得赢他。

(3) 天下莫①柔弱于水,而攻坚强者莫之能胜②,以其无以易③之。弱之胜强,柔之胜刚,天下莫不知,莫能行。是以圣人云:"受国之垢④,是谓社稷主;受国不祥⑤,是为天下王。"正言若反⑥。

(《道德经》)

【注释】①莫:没有谁,没有什么。 ②莫之能胜:胜,超过;没有什么能够超过它(水)的。 ③易:交换,代替。 ④受国之垢:受,承受、承担;垢,屈辱;承受全国的屈辱。 ⑤不祥:灾祸,灾难。 ⑥正言若反:正面的话好像反话一样。

【译文】

天下再没有什么东西比水更柔弱了,而攻坚克强却没有什么东西可以胜过水,因为没有什么能够代替它。弱胜过强,柔胜过刚,遍天下没有人不知道(这个道理),但是没有人能实行。所以有道的圣人说:"能承担全国的屈辱,才配称为国家的君主,能承担全国的灾祸,才能成为天下的君王。"这正面的话呀,听起来就像是反话一样。

（4）天下之至①柔，驰骋②天下之至坚。无有入无间③，吾是以知无为之有益。不言之教，无为之益，天下希及之④。

（《道德经》）

【注释】①至：最，极。 ②驰骋：奔驰，此处为使动用法。 ③无有入无间：没有形状的真实存在的道，可以进入没有空间的实体物质里头（如：光可以穿透玻璃，磁场可以穿透物体，电可以在导体中传递；所以，这句话是说：道的能量性可以穿透任何物体）。 ④天下希及之：天下任何一个方法都很少能达到的。

【译文】

天下最柔弱的东西，可以驱使天下最坚硬的东西。没有形状的真实存在的道，可以进入没有空间的实体物质里头。我因此认识到无为的益处。不言的教导，无为的好处，是普天之下的方法极少能达到的。

（5）善将者，其刚不可折①，其柔不可卷②，故以弱制强，以柔制刚。纯柔纯弱，其势③必削；纯刚纯强，其势必亡；不柔不刚④，合道之常。

（诸葛亮《将苑·将刚》）

【注释】①折：折断。 ②卷：卷曲。 ③势：情势，势头，力量。 ④不柔不刚：不过分柔弱不过分刚强。

【译文】

好的将帅，他（的性格）不可以太过刚强、刚烈、刚直，以至于一触即断；他（的性格）也不可以太过柔和、柔顺、柔弱，以至于任人随意卷曲。（因为这样）所以（他才）可以凭借弱小制服强大，凭借柔和制服刚强。单纯一味的柔和、柔顺、柔弱，那势头、那力量一定会被削减；单纯一味的刚强、刚烈、刚直，那势头、那力量一定会导致灭亡。不过分柔也不过分刚，刚柔相济才合乎道的常态。

（6）海纳百川，有容①乃大；壁立千仞②，无欲则刚。

（林则徐总督府衙堂联）

【注释】①容：可容纳的空间，所容纳的量。 ②仞：古代长度单位。

【译文】

大海之所以能够容纳百条大河,是因为它有无限宽广的胸怀才成就了这样的伟大;山崖之所以能挺拔高达至千仞,是因为它没有任何的贪求欲望才可以这样的刚强。

(7) 刚者不坚牢,柔底①难摧挫②。

(辛弃疾《卜算子·齿落》③)

【注释】①底:的,者。 ②摧挫:损害,折断。 ③《卜算子·齿落》原文:"刚者不坚牢,柔底难摧挫。不信张开口了看,舌在牙先堕。说与儿曹莫笑翁,狗窦从君过。"

【译文】

刚硬的不坚固,柔软的却不容易折断。

思考与练习

1. 请背诵(1)(5)(6)段关于"柔与刚"的经典描述。
2. 请举例说明"刚柔相济"在生活中的具体运用。
3. 从"刚与柔"的角度谈谈对自己的了解。

国学活动建议

围棋入门二(特殊情况下的死活棋、围棋常用术语、围棋吃子技巧)

三十二、求同存异

学习提示

和谐美好是人类孜孜以求的目标，在这一过程中，"求同"是寻找共同的思想、共同的利益，是构成和谐社会的基础；"存异"是保留不同的意见，不同的主张，让不同的族群能够在和谐社会的条件下有所作为。所以说，"求同存异"就是整合社会环境中不同的力量，以和谐的精神，获取最广大的利益。

正文

（1）子曰："君子和①而不同②，小人同而不和。"

（《论语·子路》）

【注释】①和：调和，协调。　②同：苟同，附和。

【译文】

孔子说："君子讲求协调、和谐而不盲从附和追求完全一致；小人盲从附和只求完全一致，而不讲求协调、调和。"

（2）齐侯至自田①，晏子侍于遄台。子犹驰而造焉②。公曰："唯据与我和夫。"晏子对曰："据亦同也，焉得为和?"公曰："和与同异乎?"对曰："异。和如羹焉，水火醯醢盐梅，以烹鱼肉③，燀④之以薪。宰夫和之⑤，齐之以味⑥，济其不及，以洩其过⑦。君子食之，以平其心。君臣亦然。君所谓可而有否焉，臣献⑧其否以成其可；君所谓否而有可焉，臣献其可以去其否。是以政平而不干⑨，民无争心。故《诗》曰：'亦有和羹，既戒既平。鬷嘏无言，时靡有争⑩。'先王之济五味，和五声也⑪，以平其心，成其政也。声亦如味，一气、二体、三类、四物、五声、六律、七音、八风、九歌⑫，以相成也。清浊、小大、短长、疾徐、哀乐、刚柔、迟速、高下、出入、周疏，以相济也。君子听之，以平其心。心平德和。故《诗》曰：'德音不瑕⑬。'今据不然。君所谓可,据亦曰可。君所谓否,据亦曰否。若以水济水,谁能食之?若琴瑟之专一,谁能听之?同之不可也如是。"

(《左传·昭公二十年》)

【注释】①自田:自,从;田,打猎;从打猎的地方。 ②子犹驰而造焉:子犹,齐国大夫梁丘据的字;造,到,往;梁丘据也驾着车赶来了。 ③和如羹焉,水火醯醢盐梅,以烹鱼肉:醯,音 xī,醋;醢,音 hǎi,用鱼、肉等做成的酱;梅,梅子;"和谐"就像做肉羹,用水、火、醋、酱、盐、梅来烹调鱼和肉。 ④燀:音 chǎn,烧煮。 ⑤宰夫和之:厨子调配味道。 ⑥齐之以味:调配使味道适中。 ⑦济其不及,以洩其过:济,增加,添加;洩,减少;味道不够就增加调料,味道太重就减少调料。 ⑧献:进言指出。 ⑨干:犯,违背。 ⑩亦有和羹,既戒既平。鬷嘏无言,时靡有争:戒,具备,意思是指五味全;平,和,指味道适中;鬷,音 zōng,古通"总",聚集;嘏,音 gǔ,大也;无言,指肃静。 ⑪先王之济五味,和五声也:五声,宫、商、角、徵、羽;先王使五味相互调和,使五声和谐动听。这里"济"与"和"都是调和、和谐的意思。 ⑫九歌:可以歌唱的九功之德,即水、火、木、金、土、谷、正德、利用、厚生。 ⑬德音不瑕:美好的音乐没有瑕疵。

【译文】

景公从打猎的地方回来,晏子在遄台随侍,梁丘据也驾着车赶来了。景公说:"只有梁丘据与我和谐啊!"晏子回答说:"梁丘据也不过是相同而已,哪里能说是和谐呢?"景公说:"和谐与相同有差别吗?"晏子回答说:"有差别。和谐就像做肉羹,用水、火、醋、酱、盐、梅来烹调鱼和肉,用柴火烧煮。厨子调配味道,使各种味道恰到好处;味道不够就增加调料,味道太重就减少调料。君子吃了这种肉羹,用来平和心性。国君和臣下的关系也是这样。国君认为可以的,其中也包含了不可以,臣下进言指出不可以的,使可以的更加完备;国君认为不可以的,其中也包含了可以的,臣下进言指出其中可以的,去掉不可以的。因此,政事平和而不违背礼节,百姓没有争斗之心。所以《诗经·商颂·烈祖》中说:'还有调和的好羹汤,五味具备又适中。敬献神明来享用,上下和睦不争斗。'先王使五味相互调和,使五声和谐动听,用来平和心性,成就政事。音乐的道理也像味道一样,由一气、二体、三类、四物、五声、六律、七音、八风、九歌各方面相配合而成,由清浊、小大、短长、疾徐、哀乐、刚柔、慢快、高下、出入、周疏各方面相调节而成。君子听了这样的音乐，可以平和心性。心性平和，德行就协调。所以，《诗经·豳风·狼跋》说：'美好的音乐没有瑕疵。'现在梁丘据不是这样。国君认为可以的，他也说可以；国君认为不可以的，他也说不可以。如果用水来调和水，谁能吃得下去？如果用琴瑟老弹一个音调，谁能听得下去？不应当相同的道理，就像这样。"

（3）夫和①实②生物，同③则不继。以他④平⑤他谓之和，故能丰长而物生之。若以同裨⑥同，尽乃弃矣。故先王以土与金、木、水、火杂以成百物。

（《国语·郑语》）

【注释】①和：和谐，和合。　②实：确实，实在。　③同：相同，没有差异和区别。④他：别的。　⑤平：平整，平息，这里指把许多性质不同的东西结合起来，使他们得到和谐。　⑥裨：小，非正统的，此指把性质相同的东西相加凑合在一起。

【译文】

（事物）只有存在差异并且对立统一才可以达到和谐并繁生万物，（如果）都是完全相同那么就难以为继不能化生出万物了。以此配彼，才可以叫做和谐，所以和谐的东西才能使万事万物丰长化育，生生不息。如果是把完全相同的事物匹配在一起，那就会单调死板，偏执一端，则事物就会枯竭不继。所以先代的圣王用土和金、木、水、火混合相配来造成万物。

（4）喜怒哀乐之未发，谓之中①。发而皆中节②，谓之和。中也者，天下之大本也；和也者，天下之达道③也。致④中和，天地位焉，万物育焉。

（《礼记·中庸》）

【注释】①中：不偏不倚。喜怒哀乐是人的感情，当这些感情还没有表现到外表时，（《中庸》认为）人的内心处于虚静澹然、不偏不倚的境界。　②中节：中，音 zhòng，符合；节，法度，常理；符合常理。　③达道：《中庸》认为，人的感情和谐，这是天下共同遵循的道理，所以称为达道。　④致：即"至"，到达。

【译文】

喜怒哀乐没有表现出来的时候，称为中。表现出来以后符合常理，称为和。中，是天下的根本；和，是通贯天下的原则。达到中和的境地，天地便各在其位了，万物便生长发育了。

(5) 子曰："君子周①而不比②，小人比而不周③。"

（《论语·为政》）

【注释】①周：是指以当时所谓的道义来团结人。 ②比：以暂时的共同利害互相勾结。 ③比而不周：指几个人相互勾结，看似亲密却无包容之心。

【译文】

孔子说："君子是以道义来团结人而不相互勾结；小人相互勾结却不能以道义来团结人。"

(6) 乐者为同，礼者为异①。同则相亲，异则相敬。乐胜则流②，礼胜则离③。合情饰貌④者，礼乐之事也。礼乐立，则贵贱等矣；乐文同，则上下和矣；好恶著，则贤不肖⑤别矣；刑禁暴，爵举贤，则政均矣。仁⑥以爱之，义⑦以正之，如此则民治行矣⑧。

（《礼记·乐记》）

【注释】①乐者为同，礼者为异：有学者解释说，"夫乐使率土合和，是为同也；礼使父子殊别，是为异也。"此处是指以当时所谓道义来团结人。 ②流：流移不定，这里是庄重的反义词，以暂时的共同利害互相勾结。 ③离：离析而不亲。 ④合情饰貌：和合人情，整饬行为、外貌，使保持等级界限。 ⑤不肖：愚，不妥。 ⑥仁：儒学倡导的优秀品质之一，包括了爱、智、勇、恕、忠、孝、恭、信、宽等。 ⑦义：与善同意。 ⑧民治行矣：达到（实现）天下大治了。

【译文】

乐的特性是求同，礼的特征是求异。同使人们互相亲爱，异使人互相尊敬。乐事太过不加节制，会使人之间的尊卑界限混淆、流移不定；礼事太过不加节制，则使人们之间离心离德。和合人情，使相亲爱，整饬行为、外貌，使尊卑有序，便是礼乐的功用了。礼的精义得以实现，就贵贱有别；乐事得以统一，则上下和合，无有争斗；人们好恶分明，贤与不贤自然区分开来；

用刑罚禁止强暴，以爵赏推举贤能，就会政事均平。以仁心爱人，以义心纠正他们的过失，这样就会天下大治了。

思考与练习
1. 积累有关求同存异方面的经典名句。
2. 运用所学的文段，结合生活实际谈感受。
3. 熟读背诵（1）（3）（4）（5）段。

国学常识链接
诸子百家简介

编 后 记

一眨眼,时间已过了一年多。记得还是在2017年的2月底,突然接到往届的学生曾颖的电话,问我对当前盛行的"国学"教材有无研究。当时,中共中央办公厅与国务院办公厅联合发布了《关于实施中华优秀传统文化传承发展工程的意见》,意见明确指出:"文化是民族的血脉,是人民的精神家园。文化自信是更基本、更深层、更持久的力量。中华文化独一无二的理念、智慧、气度、神韵,增添了中国人民和中华民族内心深处的自信和自豪。"为建设社会主义文化强国,增强国家文化软实力,实现中华民族伟大复兴的中国梦,将在全国范围内实施中华优秀传统文化传承发展工程。曾颖所在的网龙公司希望能做出一款宣传国学的产品。

虽然本人才疏学浅,但是几十年的中学语文教学生涯,使我对"国学"虽不敢说像丢了魂一般地痴迷,但却也非常地喜欢与推崇,尤其是有了近十年执教《先秦诸子选读》《中国古代诗歌散文选读》的经验与体会。于是,我答应了向网龙相关项目负责人严军以及曾颖汇报我对国学与国学教育的理解,并一起探讨研发这个产品的可行性。汇报和探讨非常和谐,于是我接受了编写国学普及教材的任务。

大约在2017年5月初,我有了编写国学教材的初步构想,于是邀请了各个学段的老师组织了"修身、齐家、治国、平天下"四个课题组,"修身"这一课题组在曾获"全国百名优秀中小学校长"荣誉称号的时任井大小学校长张秀菁老师的领衔下,组织了林芳、高铃泓、程莉莉、陈章苗、高超华、李华兰、俞春鸣、何熙燕、陈立、陈静、刘晔、黄颖晶、黄晓霞、陈菲菲、薛米、薛晶、俞秀琳、王文燕、刘婧、林颖、黄玲、金洁、祥英、朱宇佳、陈罗钰、杨萍、邱梦珍、林清、吴锦芬等29位老师参与研究讨论,她们还在本人提供范本及部分编写内容后添加了一点点内容以供参考,王田同学先行帮我认真校对了文稿,在此我表示特别的感谢。

大概过了 9 个月时间，我终于在老师们的帮助下，在网龙诸位关心此书的朋友督促下，编辑完成了《国学通道·修身》这本书的初稿，现在又用了两三个月的时间做了一次极认真的审查，虽然不敢说绝没有什么问题，但可以肯定地说没有什么大问题。因此我也特别感谢耐心等待我编辑审查这本书的严军、曾颖以及给予我许多友情帮助的罗云潇，相信有了他们的支持，《国学通道·修身》会给广大读者带来不一般的惊喜。

林志强

2018 年 5 月 21 日